정재승의 인간탐구보고서

어린이를 위한 뇌과학 프로젝트

정재승의 인간탐구보고서

기획 정재승 | 글 정재은 | 그림 김현민 | 심리학 자문 이고은

아울북

차례

<인간 탐구 보고서>를 시작하며

다시 새로운 모험이 시작되었네요

아우레 행성에서 온 지구 탐사대 라후드 일당이 인간들을 만나 좌충우돌 우여곡절을 겪으면서 인간을 이해해 가는 모험담이 10권으로 마무리되었고, 이제 새로운 모험이 시작되었습니다. 지금까지 '인간 탐구 보고서'를 아껴 주신 모든 분께 진심으로 감사드립니다. 그리고 새로운 모험을 설레는 마음으로 지켜봐 주실 어린 독자 여러분께 다시 한번 감사드립니다.

지구에 남은 라후드와 오로라 그리고 지구를 독차지하려는 루나에겐 앞으로 어떤 일들이 펼쳐질까요? 아우레로 돌아간 외계인들과 지구인을 우리는 앞으로 영영 보지 못하는 것일까요? 주름을 펴기 위해 샤포이 행성을 찾아 떠난 보스가 어떤 모습이 되었을지 무척 궁금한데, 우리는 다시 그를 볼 수 있을까요? 앞으로 10권 동안 진행될 시즌 2에서는 훨씬 더 흥미로운 모험담이 기다리고 있으니 즐겨 주시길 바랍니다.

청소년들에게 '호모 사피엔스 뇌의 경이로움'을 일깨워 주었으면

저는 여전히 어린이와 청소년들이 반드시 알아야 할 학문이 있다면, 그것은 '우리들에 대한 과학'이어야 한다고 생각합니다. 우리 인간이 왜 이렇게 행동하고 생각하는지 '마음의 과학'을 일러 주어야 한다고 말입니다. 어린 시절 우리가 무척 궁금해하고 고민하는 대부분의 것들은 바로 나와 가족, 친구들 그리고 이웃들의 마음에서 비롯된 것들이니까요.

'인간 탐구 보고서'를 통해 여러분들은 외모에 지나치게 신경 쓰고, 무언가를 자주 잊어버리고, 하루에도 몇 번씩 감정의 롤러코스터를 타며, 사춘기의 열병을 앓았던 인간 친구들의 모습을 보았습니다. 엉망진창의 선택을 하고 불안한 마음 때문에 미신인 줄 알면서도 믿고 심지어 거짓말도 곧잘 하는 인간의 모습도 배웠습니다. 라후드 같은 외계인들의 관점에서 바라보니, 인간들을 정말 이해하기 힘든 동물이었지요?

어린이들에게 마음의 과학을

'인간 탐구 보고서'를 통해 여러분들은 '마음을 탐구하는 학문'인 뇌과학과 심리학을 조금씩 배우고 있습니다. 지난 150년간 신경과학자들과 심리학자들은 '인간 뇌가 어떻게 작동하여 마음이란 걸 만들어 내는지' 꽤 많은 걸 밝혀냈는데, 이 책은 여러분들이 이해할 수 있는 언어로 과학자들이 밝혀낸 '인간 마음에 대한 모든 것'을 들려 드리기 위해 썼습니다. 이 책을 통해 나는 누구이며, 우리는 어떤 존재인지, 인간 사회는 왜 이렇게 돌아가는지, 진짜 유익한 지식들을 배워 나가길 바랍니다.

초등학생이었던 저희 딸들도 뇌과학을 이해했으면 좋겠다는 마음으로 처음 '인간 탐구 보고서'를 쓰기 시작하였는데, 이 책은 이제 세상의 모든 아들과 딸들을 위해 '어린이와 청소년들을 위한 뇌과학' 책으로 성장하고 있습니다. 2010년 무렵부터 준비된 이 책이 2019년 처음 세상에 선보인 이래 벌써 10권이나 출간되었다니 마음이 벅차오릅니다. 바라건대, 이 책이 혼란스러운 어린 시절과 고민 많은 사춘기를 관통하게 될 모든 10대들에게 '나에 대한 친절한 가이드북'이 되었으면 합니다. 뇌과학과 심리학이 그들을 유익한 방황과 진지한 성찰로 인도해 주길 소망합니다.

인간의 일상을 낯설게 관찰하기

이 책의 가장 큰 매력은 외계인의 시선으로 인간을 탐구하고 있다

는 것입니다. 아우레 행성으로부터 지구로 찾아온 외계 생명체 아싸, 바바, 오로라, 라후드가 겪게 되는 좌충우돌 모험담이 무척이나 흥미롭지요. 우리 인간들을 물리치고 지구를 점령할지, 인간들과 공존하며 지구에서 함께 살지 알아보기 위해 인간을 탐구하며 보고서를 송신하는 그들은 우리와 어느새 닮아 가고 있습니다.

어린 독자들은 이 책을 펼치면서 외계인의 시선으로 인간을 바라보는 낯선 경험을 하게 됩니다. 아싸와 아우레 탐사대처럼 인간을 관찰한 후 '탐구 보고서'를 아우레 행성으로 보내는 과정에 함께 참여할 것입니다. 이 과정을 통해 어린이와 청소년들이 우리들의 평범하고 당연한 일상을 낯설게 바라보는 경험을 하게 되길 바랍니다. 마치 우리가 곤충을 관찰하고 기록 일기를 쓰듯이, 인간의 일상을 관찰하고 탐구 보고서를 쓰면서 우리를 돌아보길 희망합니다.

인간이라는 사랑스럽고 경이로운 생명체

저는 이 책을 읽으면서 어린 독자들이 우리 인간들을 비로소 '이해'하고 덕분에 더욱 '사랑'하게 되리라 확신합니다. 외계 생명체 라후드처럼 '인간은 정말 이해 못 할 이상한 동물'이라고 여겼다가, 우리들을 더욱 이해하게 될 것입니다. 아싸와 아우레 탐사대가 그렇듯, 우리 어린이들도 이 책과 함께 인간 존재의 신비로움을 깨닫게 될 것입니다. 그러면서 결국 외계 생명체 아우린들이 '인간이 얼마나 사랑할 만한 존재'인지 알아주었으면 합니다. 때론 감정적이고 비합리적이며 종종 충동적이고 가끔 폭력적이기까지 한 존재이지만, 인간 내면의 실체를 알게 되었을 때, 우리 호모 사피엔스가 얼마나 사랑스러운 존재인지 깨달았으면 좋겠습니다. 아우레 행성의 외계 생명체들이 제발 우리를 지배하려 하지 말고, 우리 인간들의 사랑스러운 매력에 빠져주길 바랍니다. 무엇보다도, 인간의 뇌는 이성과 감성이라는 두 말이 이끄는 쌍두마차로서, 우리가 사는 세상을 좀 더 근사한 곳으로 만들기 위해 끊임없이 애쓰는 경이로운 기관임을 아우린들과 어린 독자들이 알아주었으면 합니다.

인간의 숲으로 도전적인 탐험을!

인간이 어떤 존재인지 모두 알게 되는 그날까지, 라후드와 아우레 탐사대의 '인간 탐구 보고서'는 계속될 것입니다. 호모 사피엔스의 뇌가 가진 경이로운 능력, 사랑스러운 매력이 외계 생명체들에게 충분히 이해될 때까지 보고서는 결코 멈추지 않을 것입니다. 그 과정에서 우리 어린 독자들 또한 인간에 대한 이해가 더욱 깊어지겠지요? 외계

생명체 아우린들이 흥미롭게 써 내려간 '인간 탐구 보고서'에서 어린이들과 청소년들이 나를 발견하는 놀라운 경험을 하게 되길 진심으로 기대합니다. '인간 탐구 보고서'는 지구를 지배하기 위해 아우레 행성의 정복자들이 작성한 무시무시한 보고서가 아니라, 인간이라는 숲을 탐색하는 외계 탐험가의 애정 어린 편지이니까요.

자, 이제 다시 한번 외계인의 마음으로 인간 탐험을 흥미롭게 즐겨 주시길!

정재승 (KAIST 뇌인지과학과+융합인재학부 교수)

등장인물

오로라

드디어 지구를 떠날 수 있게 된 건가! 지구의 과학 기술을 사용할 수 있게 된 아우레 탐사대장. 지구의 과학 기술뿐만 아니라 다른 외계인들의 도움도 받을 수 있다고?

라후드

기회가 있을 때 아우레 행성으로 떠나야 하는 것을 알지만 지구의 음식들은 놓고 가기 싫은 아우레의 외계 문명 전문가. 지구를 사랑하는 외계인이지만 어쩌다 지구인을 위험에 빠트리기도 한다.

도됴리

끝없는 호기심으로 다른 아우린들을 걱정하게 만드는 호리호리 행성인. 새로운 곳에 가면 모험을 하고 싶고, 새로운 물건을 보면 어디에 쓰는 물건인지 사용해 봐야 하고……. 하는 일은 없지만 가장 바쁜 외계인일지도?

드디어 지구 정복의 꿈을 이룰 수 있게
되었다고 믿었던 것도 잠시, 아우린들과
지구인에게 붙잡힌 젤리족 외계인.
빨리 이곳에서 빠져나가야 하는데…….

루나

스피

이토록 쉽게 자신을 배신할 줄 알았으면 처음부터
돕지 않았을 텐데! 루나의 지구 정복 계획을 돕다가
아우레 탐사대에게 체포되어 버린 젤리족 외계인.
이곳을 벗어나고 루나에게서도 벗어나려면 아우레
탐사대의 편에 서야 한다.

그동안 오로라에게 진 빚을 갚으려는 냐냐 행성의
외계인들. 오로라를 도우면 정말 냐냐 행성으로
무사히 돌아갈 수 있을까? 하지만 우린 아직
인류를 정복할지 말지도 결정하지 못했잖아!

냐냐 행성인

등장인물

보스

비록 팽팽한 피부는 돌려받지 못했지만 라후드를 도울 기회는 놓치지 않은 지구인. 그동안 외계인을 만나면 사용하려고 했던 모든 과학 기술을 동원해 아우린들을 돕고 지구도 지킬 수 있을까? 아니면 '나'를 먼저 지켜야 할까?

검은양복

보스에 대한 충성심 하나 때문에 흐르지 않는 시간에 갇혀 버린 것만 같은 지구인. 꿈은 첩보원이었는데, 현실은 외계인과 갇혀 언제 돌아올지 모르는 보스를 기다리는 일밖에 할 수 없다.

루이

친한 이웃의 부탁을 들어줬을 뿐인데, 졸지에 외계인으로 의심받게 된 지구인. 성공한 웹툰 작가가 되고 싶을 뿐인데, 내 인생 왜 이래? 외계인이 되고 싶은 게 아니라 외계인 웹툰 작가가 되고 싶은 거라고!

수상한 사람들에게 끌려가는 형을 구해야 하는데……. 결국 형과 함께 외계인으로 붙잡힌 지구인 청소년. 하지만 외계인으로 의심받는 것이 그리 나쁜 일은 아닐지도 모르겠다.

일할 때는 일하고 쉴 때는 쉬고, 시간 관리 철저한 우주국 비밀 요원. 열심히 일한 만큼의 보상이 따른 걸까? 드디어 외계인으로 의심되는 생명체들을 잡았다!

출근이 힘든 비밀 요원. 특히 월요일에는 더 힘들다. 주말 동안 실컷 놀고, 잘 쉬었다고 생각했는데, 그게 아니었나? 외계인들을 조사하는 중요한 날에는 늦지 않고 출근할 수 있을까?

프롤로그

보스 연구소에 나타난 외계인

보스의 우주 연구소는 보스가 외계인을 찾기 위해 세운 특별한 연구소다. 연구소 꼭대기에 설치한 거대 전파 망원경으로 외계에서 오는 신호를 직접 수집하고, 슈퍼컴퓨터로 전 세계에 흩어진 전파 천문대에서 보내온 특이 신호들을 분석한다.

그들이 기다리는 신호는 외계의 지적 생명체가 보냈으리라 예상되는 신호, 와우 시그널!

그러나 연구원들이 기다리는 와우 시그널은 좀처럼 잡히지 않아 보스 연구소는 늘 조용한 도서관 같았다.

평화로운 보스 연구소에 검은 자동차 한 대가 다가왔다. 기다리고 기다리던 외계인들이 드디어 연구소에 나타난 것이다. 그러나 지루한 연구원들 중 누구도 그 사실을 알지 못했다. 아니, 알아서는 안 되었다.

보스는 직원들이 다 퇴근할 때까지 한적한 곳에 차를 대고 기다렸다. 창밖을 수상하게 내다보던 검은 양복이 아무도 남아 있지 않은 것을 확인하고 나서야 보스는 외계인들을 안전실로 데리고 갔다.

여기서
외계인들을
감시해.
제가
왜…요?
자네를
가장 믿으니까.
보스….
뭉클
쾅!
…
외…
외계인…?
헉!
잔디!!
밟지 마세요
본부기지
룰루~

1

외계인과 갇힌 검은 양복

다르게 흐르는 지구인의 시간

쿵. 안전실과 외부를 잇는 유일한 문이 닫혔다. 방 안은 순식간에 고요하고 깜깜해졌다. 오늘 처음 본 외계인들과 함께 갇히다니! 검은 양복은 다리가 덜덜 떨리고, 심장도 쿵쾅쿵쾅 요동쳤다.

검은 양복은 몇 년 동안 보스의 비밀 요원으로 활동했지만 진짜 외계인을, 이렇게나 덜컥 만나게 될 줄은 몰랐다.

'외계인이 그물을 뚫고 나와 공격하면 어쩌지? 나를 잡아먹진 않겠지? 이대로 불을 켜지 말까? 아니면 불을 환하게 켜고 외계인들을 감시할까? 어느 쪽이 더 안전할까?'

안전은 확신할 수 없지만 외계인들이 눈에 안 보여야 덜 무서울 것 같았다. 검은 양복은 전등 스위치를 켜려고 올렸던 손을 슬그머니 내렸다.

그런데 갑자기 눈앞이 환해졌다.

검은 양복은 그냥 불을 켰다. 창문도, 가구도, 시계도 없는 텅 빈방이 한눈에 들어왔다.

'뒤를 조심해야지.'

검은 양복은 벽의 모서리를 차지하고 서서 일단 외계인들에게 경고를 날렸다.

"외계인들! 공기가 아닌 이상 아무도 못 나가."

그러나 정작 탈출하고 싶은 사람은 검은 양복 자신이었다.

안전실에는 환기구와 공기 정화 장치가 있어서 산소가 충분했다. 하지만 검은 양복은 가슴이 답답하고 숨이 막혔다. 아무것도 안 하고 가만히 있으려니 시간이 너무나 느리게 흘렀다.

'시간이 너무 안 가네. 좀 움직일까?'

"3시간 7분이 아니라 37분 지났다고?"

검은 양복은 시계가 없어서 시간을 정확히 알 수 없었다. 그래도 이렇게 많은 일을 했는데 겨우 37분이 지났다고?

"못 믿어. 시계 보여 줘."

검은 양복이 소리치자 루나는 코웃음을 쳤다.

"시계? 그런 고대의 유물이 왜 필요하지? 시간은 그냥 알 수 있잖아. 설마, 지구인은 시간 감각도 형편없는 거냐?"

"지구인 무시하지 말고 시계를 보여 달라고."

검은 양복은 두려움도 잊고 루나에게 달려들었다. 루나를 감싼 그물을 거칠게 잡아당기며 손목을 확인하려 했다.

"아우린은 뛰어난 이성으로 시간을 정확히 느낀다."

루나가 소리쳤지만 검은 양복은 도무지 믿기지 않았다. 하지만 시계가 없으니 루나가 틀렸다고 확신할 수도 없었다.

검은 양복은 같은 행성에서 온 외계인 스피를 보며 물었다.

"외계인들은 다 정확한 시간 감각이 있는 거냐?"

"아니, 스피는 그런 거 없다. 정확한 시간 감각도, 뛰어난 이성도."

스피는 바닥에 붙은 머리를 살짝 들고 웅얼거렸다. 그럼 그렇지. 검은 양복은 당당하게 고개를 쳐들고 루나에게 소리쳤다.

"흥! 뻥이구나. 루나 뻥쟁이."

실제로 루나의 시간 감각은 정확했다. 그 사실을 모르는 검은 양복은 뺑쟁이 외계인보다 자신의 감각을 믿었다. 분명히 시간은 37분보다 더 흘렀을 것이다.

'여기 갇힌 지 세 시간은 지났을 거야. 그럼 늦어도 한두 시간 안에 보스가 올 거야. 이 감옥 같은 안전실의 문을 활짝 열고 나를 꺼내 줄 거야.'

마음이 놓여서일까? 산소가 충분한데도 하품이 나왔다.

"아함, 시간 빨리 가게 잠이나 자야겠다."

잠을 잔다고 시간이 빨리 흐르지는 않는다. 지구인의 어설픈 감각이 그렇게 느끼게 할 뿐이다.

그러나 루나는 굳이 그 사실을 지적하지 않았다. 조용히 앉아 검은 양복이 잠들기를 기다렸다.

검은 양복이 꾸벅꾸벅 졸다가 깊은 잠에 빠지자 루나는 곁눈질로 스피를 살폈다. 스피는 벌써 젤리처럼 바닥에 눌어붙어 잠들어 있었다. 지구에 도착하자마자 루나를 찾아오고 임무를 수행하다가 체포까지 당했으니 피곤할 만도 했다.

"지금이 기회다!"

루나는 스르르 몸을 움직이기 시작했다.

환기구에 도달한 루나는 환기구 틈새로 낑낑, 젤리 같은 몸을 쑤셔 넣었다.

보스는 오로라와 라후드를 데리고 전파 망원경실로 향하던 중이었다. 그런데 보스의 스마트워치가 삐빅 요란하게 울렸다. 안전실에 비상사태가 일어났음을 알리는 경보음이었다.

"안전실에 문제가 생겼나 봐요."

보스는 곧장 방향을 틀었다. 아우레 탐사대도 보스의 뒤를 쫓아 전속력으로 복도를 내달렸다.

금세 안전실에 도착한 일행이 문을 확 연 순간 모두 놀라서 입이 떡 벌어졌다.

몸을 길게 늘인 루나가 환기구로 도망치고 있었고 검은 양복은 미처 빠져나가지 못한 루나의 다리를 붙잡고 있었다.

검은 양복은 겁에 질려 손을 덜덜 떨면서도 루나의 다리를 놓지 않았다.

"빨리 와요! 힘이 없어서 더는 못 버텨요."

라후드는 성큼 다가가 한 손으로 루나를 쑥 끌어 내렸다.

"배신자 루나, 다시 체포한다."

검은 양복은 그제야 루나를 놓으며 안도의 한숨을 내쉬었다.

"와, 팔 아파. 30분도 넘게 붙잡고 있던 것 같아요."

사실 3분 정도였지만 검은 양복의 기분은 그랬다.

라후드는 루나를 꽁꽁 묶어 안전실 한가운데로 옮겨 놓았다.

루나의 탈출을 막는 데 큰 공을 세운 검은 양복은 보스 옆에 찰싹 붙었다.

"보스! 제가 외계인을 막았어요. 제가 했어요. 잘했죠?"

보스는 믿음직스럽다는 듯 검은 양복의 어깨를 툭툭 두드렸다. 이렇게 믿음직한 직원을 보스가 또 두고 갈 리가 없다.

검은 양복은 안전실 문 앞에 섰다. 보스는 검은 양복을 보며 씩 웃었다.

"잘하고 있어. 지금처럼만 해."

보스와 아우레 탐사대는 다시 문을 쾅 닫고 나갔다.

보고서 102

지구인들의 비이성적인 시간 계산법

- 보스가 오로라와 나를 도와 자신의 연구소로 스피와 루나를 옮김. 지구인들의 과학 기술은 아우레에 비하면 한참 뒤떨어지지만 보스는 자신의 연구소가 보유한 과학 기술에 매우 자부심이 있는 것 같음.

- 루나와 스피는 아무도 함부로 들어가거나 나갈 수 없는 안전실에 안전하게 가둠. 보스의 부하 직원인 검은 양복과 함께. 아무리 훈련을 받은 지구인이라지만 검은 양복이 루나와 스피를 감당할 수 있을까?

- 절대 탈출하지 못할 안전실이라고 생각했건만 교활한 루나가 탈출을 시도함. 다행히 루나의 시도는 실패함! 검은 양복이 지구인치고는 힘이 센 편인가? 젤리같이 미끌거리는 루나의 탈출을 막았음. 물론 마지막엔 나의 도움을 받았지만. 지구인은 힘이 아무리 세도 아우린보다 셀 수는 없을 것임.

- 안전실에서 나오면서 도됴리가 없어졌다는 사실을 깨달음. 도됴리, 또 어디서 사고 치고 있는 거 아니겠지?

심장 박동이 시간 감각을 지배한다

- 지구인은 자신의 고유한 심장 박동을 기준으로 시간을 느낌. 코넬 대학교 연구팀은 학생들의 심장 박동 길이를 측정하면서, 학생들에게 아주 짧은 소리를 들려주고 소리의 길이를 추측하게 함. 그 결과, 심장 박동이 긴 지구인들은 같은 소리도 더 짧게 느꼈음.
- 지구인의 심장은 모두 뛰는 속도가 다름. 쉽게 말해 심장이 쿵~ 쿵~ 뛰는 지구인이 있고, 쿵쿵쿵쿵 뛰는 지구인이 있음. 소리의 길이를 서로 다르게 느끼는 것은, 자신의 심장 박동을 기준으로 소리를 판단하기 때문. 예를 들어 같은 소리를 들어도 소리가 지속되는 동안 심장이 두 번만 뛰는 지구인은 소리를 더 짧게, 심장이 네 번 뛰는 지구인은 소리를 더 길게 판단하는 것. 그렇다면 37분을 3시간 7분으로 느낀 검은 양복의 심장은 대체 얼마나 빨리 뛰는 걸까?

뇌로 시간을 느끼는 지구인

- 아우린들이 절대적이고 정확한 시간 감각을 지닌 것처럼, 지구인들도 시간의 흐름을 느끼는 방법이 있음. 정확히 말하자면, 지구인들은 시간을 인식하는 것이 아니라 '사건의 순서'를 구분하며 '시간의 흐름'을 느낌. 지구인 시간 감각의 가장 대표적인 부위는 바로 뇌에 있는 '시간 세포'.
- 지구인 과학자들은 쥐를 이용한 실험을 통해 시간 세포의 존재를 처음 알게 됨. 시간 세포는 기억을 담당하는 '해마'에 위치한 뉴런 다발로, 연속적으로 일어나는 사건의 순서를 정확하게 기록하는 역할을 함.

- 텍사스 대학교의 브래들리 레가 교수는 시간 세포가 지구인에게도 존재하는지 알아보기 위해 실험을 진행함. 먼저 실험 참가자들에게 12개의 단어를 순서대로 읽어 주고, 참가자들이 단어를 쉽게 암기하지 못하도록 짧은 수학 문제를 풀게 함. 그 후 앞서 읽어 주었던 단어들을 '순서대로' 최대한 많이 기억하게 하고 그들의 해마를 관찰함.
- 연구 팀은 참가자들이 단어를 기억해 내는 동안 특정한 지점에서 세포들이 반응하는 것을 발견함. 시간 세포가 도장을 찍듯이 기억을 구분해 그 순서를 기억해 낸 것. 시간 세포 덕분에 지구인들은 더욱 또렷하게 과거의 경험을 떠올릴 수 있음.

사건의 순서를 기록하는 지구인

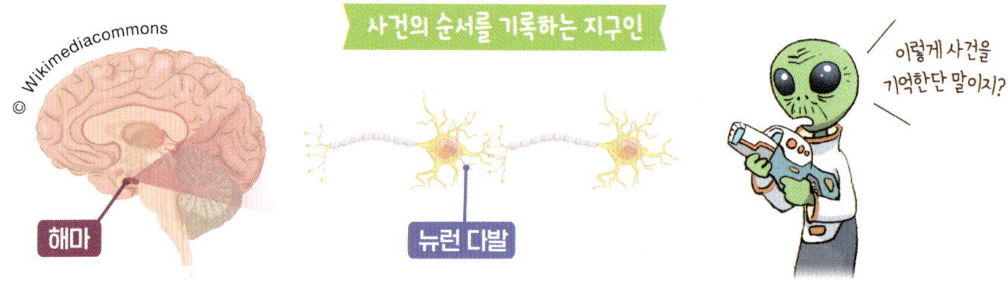

시간은 모두에게 다르게 흐른다, 시간 분해능

지구 생물들은 빛의 깜빡임을 이용해 사물을 본다. 이때 눈이 얼마나 빠른 빛 깜빡임까지 인식할 수 있는지를 '시간 분해능' 혹은 '시간 해상도'라고 부른다. 1초에 빛 깜빡임을 50번까지 느낄 수 있다면 1초를 50장의 사진으로 쪼개어 보는 것과 비슷하다(시간 분해능이 50헤르츠).

© Wikimediacommons

아일랜드의 생태학자 케빈 힐리 박사는 지구 생물들이 시간을 어떻게 느끼는지 알아보기 위해 생물 100여 종의 시간 분해능을 분석했다. 그 결과, 지구에서 시간 분해능이 가장 높은 생물은 잠자리와 검정파리(300헤르츠), 가장 낮은 생물은 불가사리(0.7헤르츠)로, 몸집이 작거나 먹잇감을 잡아챌 필요가 있는, 즉 환경 변화를 빠르게 포착해야 하는 생물일수록 시간 분해능이 높았다.

2

루이와 대호, 납치당하다

잘못된 시간, 잘못된 만남

아우레 탐사대의 귀환 일정이 급해졌다. 체포한 배신자 루나를 빨리 아우레로 데려가야 했다. 그러나 웜홀 통신 장치의 고장으로 아우레와의 통신이 완전히 끊긴 지금, 귀환 우주선이 언제 올지는 기약이 없다.

지구 문명 전문가인 라후드는 고개를 갸웃했다. 지구의 과학 기술로는 아직 웜홀을 발견하지도 못한다. 그런데 진짜로 이 장비로 웜홀을 통과할 수 있다고?

“내 송신기는 지구에서 가장 강력해요. 웜홀 통과는 장담 못 하지만 근처까지는 보낼 수 있을 거예요.”

오로라는 복잡한 컴퓨터를 한참 쳐다보았다. 최첨단이라고 자랑하는 지구의 과학 기술은 아우레에 비해 한참 떨어졌다.

그러나 다른 방법이 없었다.

"한번 해 봅시다. 웜홀 좌표를 정확히 입력하면 전파가 웜홀로 빨려 들어가 아우레의 전파 그물에 닿을 가능성이 있어요."

사실 가능성은 높지 않았다. 하지만 행성으로 먼저 돌아간 아싸가 웜홀 주변에 강력한 전파 그물을 펼쳐 두었다면, 낮은 확률이지만 가능하긴 하다.

전파 신호는 지구를 떠나 미나레스 웜홀을 향해 날아갔다. 그러나 신호가 웜홀을 제대로 통과할지, 아우레 행성까지 무사히 닿을지는 외계인도 지구인도 알 수 없었다. 아싸가 펼쳐 둔 전파 그물이 강력하길 바랄 뿐이었다.

띵동띵동.

정신없는 와중에 라후드의 핸드폰에서 계속 알람이 울렸다. 줄줄이 도착한 택배 문자였다. 갑자기 임시 본부를 떠나게 될 줄 모르고 라후드가 미리 주문한 식품들이 도착한 것이다.

"복도에 그냥 두면 상할 텐데……."

라후드는 먹을 수 있을지 없을지도 모르는 음식들이 걱정되었지만 오로라는 냉정했다.

"상관없다. 임시 본부에 다시 갈 일은 없다."

'음식이 불쌍하니까…….'

라후드는 안절부절하다가 루이에게 전화를 걸었다.

"네, 택배요?"

루이는 무선 이어폰으로 라후드와 통화하면서 4층 라후드네 집으로 올라갔다.

하얀 스티로폼 상자에 든 택배 세 개가 문 앞에 나란히 놓여 있었다.

"있어요, 택배. 현관 비밀번호가 뭐라고요? 12345? 아휴, 비밀번호를 이런 식으로 만들면 안 돼요. 도둑이라도 들면 어쩌려고요. 하하하."

루이는 큰 소리로 웃으며 현관 비밀번호를 눌렀다.

"라후드 씨, 집에 아무도 없는 거, 확실하죠?"

루이는 아직 통화 중인 라후드에게 물었다.

택배 상자를 안고 라후드의 집 안으로 들어서자 괜히 등골이 오싹했다. 집이 비었다고 했는데 꼭 누가 있는 것 같았다.

"그럼요, 아무도 없어요."

라후드의 대답에 루이는 안심하고 냉장고로 다가갔다.

루이를 체포한 사람들은 '스노우 물방울' 작전을 수행하고 있는 우주국 비밀 요원 37호와 38호였다.

비밀 요원들은 북극에서 발견한 외계인의 흔적을 쫓아 이 동네까지 왔다. 외계인이라고는 전혀 없을 것 같은 평범한 동네를 헤매다 외계인 의심 차량 제보를 받고 마침내 이곳, 일등학원 건물 4층에서 외계인 아지트를 발견했다.

"이번에는 진짜 외계인을, 진짜로 잡을 것 같아."

비밀 요원들은 차고 넘치는 증거를 수집하며 신이 났다.

바로 그때 삐삐삐, 현관문 소리가 나고 루이가 들어온 것이다. 비밀 요원들은 비밀번호를 누르고 들어온 루이가 당연히 집주인인 외계인이라고 생각했다. 외계인의 부탁을 받고 온 지구인인 줄은 꿈에도 몰랐다.

비밀 요원들은 단숨에 루이를 제압했다. 영문도 모르고 잡힌 루이는 고래고래 소리를 질렀다.

"누구세요? 살려 주세요. 놔 주세요! 루이 살려!"

루이의 비명은 아래층까지 쩌렁쩌렁 울렸다. 학원에서 공부하던 대호는 익숙한 목소리에 밖으로 뛰쳐나갔다.

순간 비밀 요원들의 눈빛이 번뜩였다.

"형이라고?"

"그럼 저 애도 외계인?"

두 요원의 얼굴엔 함박웃음이 번졌다. 국제 우주국 창설 이래 처음으로 살아 있는 '외계인 형제'를 본부로 데려간다고 믿었기 때문이다

한편 보스 연구소의 라후드는 걱정이 한가득이었다.

"루이 씨가 잡혀간 것 같아. 내가 가서 구해야 해."

하지만 라후드는 당장 연구소 문을 박차고 나갈 수 없었다.

"아우레 탐사대장의 명령이다. 라후드, 넌 못 간다. 지금 가면 우리 정체를 들킨다."

"하지만 루이 씨가 우리 때문에 위험에 빠졌잖아."

"우리는 아니다. 너 때문이다."

언제나처럼 이번에도 오로라가 옳았다.

"그래, 내 책임이야. 루이 씨는 나 혼자 구한다. 오로라, 내가 돌아오지 못하면 혼자 아우레로 돌아가."

라후드는 오로라에게 비장하게 말하고, 보스에게도 마지막일지 모를 인사를 남겼다.

잠시 뒤, 라후드는 눈을 떴다.

"여기는…… 안전실? 설마 오로라가 날 가뒀어?"

라후드는 벌떡 일어나 철문을 두드렸지만 문 너머에서는 아무 소리도 들리지 않았다.

"오로라 대장 나빠."

"맞아요. 우리 보스도 좀 너무하죠."

"나쁘다. 내 대장이었던 루나도."

셋은 모든 것의 원인인 루나를 쳐다보았다.

보고서 103

시간을 바라보는 지구인의 시각

★ 우리가 아우레로 보낸 전파가 무사히 아싸의 전파 그물에 닿았을까? 보스가 자부하는 과학 기술이 정말 쓸모가 있기를 바람. 지구도 좋지만 아우레의 외계 문명 클럽 친구들이 뭘 하며 시간을 보냈는지 너무너무 궁금함. 새로운 문명들을 탐구했을까?

★ 내가 임시 본부로 주문한 식량들을 아우레로 가지고 갈 방법은 없을까? 이렇게 갑자기 아우레로 돌아갈 기회가 올지 몰라서 잔뜩 시켜 놨는데…….

★ 오로라는 말렸지만 난 루이 씨에게 식량들을 잘 보관해 달라고 부탁함. 혹시 잠깐 시간을 내어 가져올 수 있을지도 모르니까! 근데 나의 실수였나……. 루이 씨가 아무래도 나 때문에 위험에 빠진 것 같음.

★ 얼른 임시 본부로 돌아가 루이 씨를 구해야 함! 죄 없는 지구인을 위험에 빠트리고 가만히 있을 수 없음!

지구인의 시간 감각은 들쑥날쑥하다

- 지구인들은 여러 요인에 따라서 시간을 길거나 짧게 느낄 수 있음. 지구인의 시간 감각을 왜곡하는 가장 대표적인 요인은 바로 심리 상태. 한국 심리학자들이 이를 증명하는 실험을 함.
- 지구인 104명을 우울감 정도에 따라 네 그룹으로 나누어 화난 얼굴, 행복한 얼굴, 무표정한 얼굴 사진을 잠깐 보여 주고 사진을 본 시간이 짧았는지 길었는지 물음. 우울감이 심한 지구인일수록 같은 시간도 더 길게 느꼈음. 그런데 이러한 반응은 유독 행복한 얼굴, 무표정한 얼굴보다 화난 얼굴을 볼 때 더욱 두드러졌음. 즉 우울할수록, 특히 부정적인 경험을 할 때 유독 시간을 더 길게 느끼게 되는 것.
- 지구인들은 상황에 따라 시간을 다르게 인식하기도 함. 지구인들은 매순간 감각 정보를 모아 사건을 기억하고 배치하며 시간을 인식함. 그런데 유독 기억에 남는 순간, 큰 자극이 주어지면 뇌가 각성하면서 짧은 순간에 감각 정보뿐만 아니라 다양한 사고와 감정까지 처리함. 예를 들어, 달려오는 다른 지구인과 부딪치기 직전 머릿속에서는 '부딪치면 얼마나 아플까?', '조심 좀 할걸.' 같은 생각이 순식간에 스쳐 지나감. 이렇게 더 복잡하게 사고하기 때문에 같은 시간이라도 더 길게 느껴지는 것(※자극과 시간에 관해서는 보고서 76을 참고!).
- 그런데 지구인의 들쑥날쑥한 시간 감각은 단순히 시간을 길거나 짧게 느끼는 데서 그치지 않고 신체에까지 영향을 줌. 미국 하버드 대학교 연구 팀은 여러 지구인에게 부항 치료를 받게 해 몸에 멍 자국을 만든 뒤, 28분간 대기하게 함. 이때 대기실 시계의 속도를 몰래 조작하여, 참가자들이 저마다 14분(실제 시간의 절반), 28분(실제 시간), 56분(실제 시간의 2배)이 지났다고 생각하게 만듦. 결과는 아주 놀라웠음. 56분 동안 기다렸다고 착각한 참가자의 멍 자국은 더 빨리 사라졌고, 반대로 14분 동안 기다렸다고 착각한 이의 자국은 더 오랫동안 남았음. 이 현상의 정확한 원리는 여전히 베일에 싸여 있지만, 지구인의 몸과 마음이 연결되어 있다는 증거 아닐까?

시간을 바라보는 다섯 가지 유형

1. **과거 부정:** 과거에 했던 행동을 자주 후회하고 지워 버리고 싶어 하는 유형.

2. **과거 긍정:** 과거의 좋았던 기억을 쉽게 떠올리고 아팠던 경험도 추억으로 재구성하는 유형.

3. **현재 쾌락:** 현재의 즐거움을 추구하여 모험심이 강하고 하루하루 충실히 살아가는 유형.

4. **현재 숙명:** 일어날 일은 반드시 일어난다고 믿으며, 운명에 의해 결과가 정해진다고 생각하는 유형.

5. **미래 지향:** 미래에는 좋은 결과를 얻을 거라는 믿음을 가지고 성실하게 노력하는 유형.

시간 왜곡의 범인은 모서리 위 이랑

- 지구인 학자들이 시간을 왜곡시키는 뇌 부위를 찾기 위해서 20명의 참가자들을 대상으로 시간 왜곡 실험을 해 보았음. 원이 0.25초 간격으로 혹은 0.75초 간격으로 깜빡거리는 화면을 보여 준 후 백색 소음을 들려줌. 그리고 소리가 들렸던 시간이 어느 정도 되는지 물어보았음. 원이 더 자주 깜빡이는 화면을 본 참가자는 소리를 실제보다 길게, 덜 깜빡이는 화면을 본 참가자는 소리를 실제보다 짧게 느꼈음.

- 참가자들의 뇌를 fMRI로 촬영해 보니, 두 그룹의 공통점이 드러남. 바로 시간 왜곡을 느낄 때 오른쪽 두정엽의 '모서리 위 이랑' 활성도가 감소했다는 것. 그리고 모서리 위 이랑 활성도가 감소한 지구인일수록 시간 왜곡 정도가 심했음. 그렇다면 반대로 모서리 위 이랑 활성도를 높이면 지구인들도 아우린만큼 칼같은 시간 감각을 얻을 수 있는 걸까?

3

채린이 변한 이유

시간에 따라 달라지는 마음

채린이 지나가는 동안 하나와 친구들은 벽에 딱 붙어서 한 마디도 못 했다. 채린의 무리가 우르르, 완전히 지나간 뒤에야 구시렁구시렁 불평을 했다. 채린의 귀에는 들리지 않게 소곤소곤, 구시렁구시렁.

채린은 애들 여럿을 몰고 다니며 세를 과시했다. 교복을 작게 줄여서 입고 교실이든 복도에서든 큰 소리로 웃고 떠들었다. 딱히 누구에게 싸움을 걸거나 괴롭히지는 않았지만, 시끌벅적하게 몰려다니는 것만으로도 다른 아이들은 불편했다.

사실은 그냥 '불편함' 이상의 감정을 느꼈다. 같이 학교를 다니는 아이에게서 결코 받고 싶지 않은 감정인 '두려움'을 느꼈다. 그래서 하나도 채린에게 "너도 조심해."라고 말을 못 했다.

그래도 하나는 우연히 채린의 무리와 부딪힐 때를 빼면 그 아이들에게 별로 신경을 쓰지 않았다. 애초에 자신과는 전혀 다른 세상에 사는 아이들이라 여겼다.

하나가 신경 쓰는 친구는 전 남자친구인 대호였다. 하나는 수업 중에 문득문득 대호의 빈자리를 갸웃거리며 쳐다보았다.

'대호가 왜 결석했지? 여행 갔나? 그런 말은 못 들었는데…….'

대호는 그다음 날도 결석이었다. 그런데 채린도 오지 않았다. 실없는 소리를 자주 하는 라희가 빈자리들을 힐끔 보더니 장난스럽게 말했다.

"어? 대호랑 채린이랑 같이 땡땡이친 거 아니야?"

"뭐라고?"

믿기 싫었지만 그 말을 듣자 하나의 마음은 불안해졌다. 채린이 학교에 빨리 오길 바라기는 또 처음이었다.

그다음 날 채린은 학교에 왔지만 대호는 또 결석이었다. 하나는 대호의 긴 결석이 걱정되면서도 한편으로는 대호가 채린과 함께 놀러 가지 않았다는 사실이 드러나 반갑기도 했다.

점심시간이 되자 기분이 말끔하게 좋아진 하나는 급식 줄에서 친구들이랑 장난을 쳤다.

그럴 일이 없는데, 채린은 꼭 하나에게 다가오는 것 같았다. 자기 무리를 두고 혼자서 뚜벅뚜벅.

채린은 정말로 하나 앞에 멈춰 섰다. 그리고 덥석, 하나의 팔짱을 끼었다.

"하나야, 점심 같이 먹자. 왕돈가스 맛있겠지?"

하나와 유정과 세아는 그대로 얼어붙었다.

학교가 끝난 뒤 하나와 친구들의 단체 메시지 방이 난리가 났다.

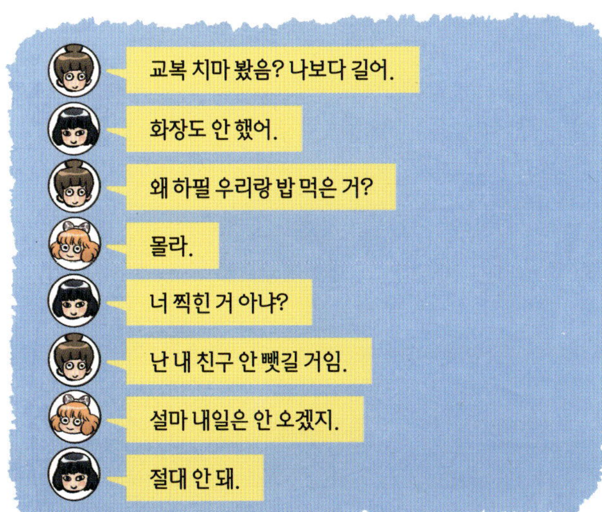

하나와 친구들의 바람은 이루어지지 않았다.

채린이는 다음 날도 스스럼없이 하나에게 달라붙었다.

하나는 집에 오자마자 채린이 보내 준 셀카를 지워 버렸다. 한숨이 절로 나왔다.

"도대체 나한테 왜 이러는 거야? 왜, 왜, 왜!"

하나는 채린과 어울리기 싫었다. 학교 아이들이 자기를 채린의 무리로 오해할까 봐 두려웠다. 유정이와 세아와 멀어질까 걱정도 되었다. 그렇다고 채린을 딱 거절할 용기도 없었다!

"망했다, 망했어. 어떡해."

하나는 발을 동동 굴렀다.

채린도 하나와 찍은 셀카를 보며 학교를 나섰다. 활짝 웃으며 찍은 사진을 보니 갑자기 눈물이 주르륵 흘렀다. 할머니 생각이 났다. 채린은 며칠 전에 할머니께 크게 대들었다.

그렇게 할머니께 혼난 뒤 집을 뛰쳐나간 채린은 일부러 부모님의 전화도 안 받고 놀다가 밤늦게 돌아갔다. 그런데 집에 아무도 없었다. 할머니가 쓰러져 병원으로 실려 가신 것이다.

할머니는 채린이 나가고 얼마 되지 않아 쓰러지신 것 같았다. 뒤늦게 퇴근한 부모님이 서둘러 병원으로 모셨지만 너무 늦게 가는 바람에 할머니는 큰 병을 얻고 말았다.

'나 때문이야. 내가 집에 있어야 했는데……. 일찍 들어갔어야 했는데…….'

채린은 엉엉 울며 후회했다.

채린에게 할머니는 엄마 같은 존재였다. 식당을 하느라 늘 바쁜 부모님 대신 할머니가 채린을 키웠다. 엄마처럼 잔소리도 많이 하고 혼도 많이 냈다. 그게 사랑인 줄 알면서도 채린은 할머니에게 자주 짜증을 냈다.

하지만 채린은 누구보다 할머니가 제일 좋고 오래오래 함께 살고 싶었다. 그런데 아픈 할머니를 보니, 함께할 시간이 얼마 남지 않았을지도 모른다는 생각이 들었다.

"할머니, 이제부터 말 잘 들을게. 할머니 소원 다 들어줄게."

그날 이후 채린은 달라졌다. 짧게 줄였던 교복 치마를 늘이고, 화장을 지우고, 지각도 안 했다. 하나에게 갑자기 다가간 것도 할머니를 위해서였다.

채린과 하나는 어릴 때 같은 유치원에 다녔다. 둘 다 할머니가 데리고 다녀서 종종 같이 어울리기도 했다. 하지만 성격이 맞지 않아, 초등학교에 들어가면서 자연스레 멀어졌다.

그런데 채린의 할머니는 아직도 가끔 하나를 칭찬했다.

"오늘 우연히 하나 할머니를 만났는데, 하나가 공부도 그렇게 잘하고 모범생이라며? 우리 채린이도 그런 친구랑 다니면 좋으련만."

채린은 할머니를 기쁘게 해 드리기 위해 하나 같은 친구랑, 아니, 하나랑 친구가 되기로 한 것이다.

할머니,
나 왔어.
우리 채린이
왔어?
나 이제
하나랑 같이 다녀.
좋지?
훌쩍
그래. 우리 채린이가
좋은 친구랑 어울리면
할머니는 더 바랄 게
없어.
안 돼. 더 바라.
계속 바라.
내가 다 할 테니까.
나 이제 뭐 할까?
엉 엉
공부도 열심히
하면 더 좋지.
알았어.
내가 다음 시험에서
100점…은 어렵고….
80점, 아니, 70점은
맞을게. 약속.
OO병원

보고서 104

남은 시간이 중요한 지구인

★ 보스의 연구소는 재미있었지만 계속 있기에는 시시했음. 지구인들이 과학 기술이라고 부르는 것은 대체로 재미가 없음.

★ 보스 연구소 주변을 둘러보다가 임시 본부가 있는 동네에서는 볼 수 없던 지구의 다양한 풍경들을 보았음. 왕발을 찾으러 갔을 때와 비슷한 숲도 보고 도시를 가로지르는 물길도 봄. 지구 생명체인 새도 보고 물고기도 구경했음. 지구에 사는 생명체는 정말 다양함.

★ 물길을 따라 걷다 보니 나도 모르게 임시 본부가 있는 동네로 돌아왔음. 임시 본부가 있는 동네는 하루가 매일 똑같이 흘러가는 것 같음. 하나와 대호, 최고는 아침이면 학교에 가고, 일 원장은 학원으로 출근을 하고. 평소와 같은 지구인들의 모습을 멀리서 지켜보니 생각보다 더 지루함.

★ 동네에서 새로운 청소년 지구인을 봄! 갑자기 하나와 자주 같이 다니던데, 드디어 하나에게도 대호가 아닌 다른 동네 친구가 생긴 걸까?

지구인은 시간의 소중함을 잊고 산다

- 전 세계 지구인의 평균 수명은 약 73세. 아우린에 비하면 100분의 1도 안 되는 시간을 삶. 그런데도 지구인들은 마치 평생 살 수 있는 것처럼 행동함. 그러다가 자신에게 시간이 얼마 남지 않았다고 생각하면 그제야 시간이 중요함을 깨달음.
- 심리학자 로라 카스텐슨이 제시한 '사회 정서적 선택 이론'에 따르면, 자신의 미래가 아직 많이 남았다고 생각하는 지구인은 미래 지향적인 목표를 세움. 그러나 그렇지 않다는 생각이 들면 그때부터는 현재의 정서적인 만족을 추구하기 시작함. 게다가 남은 시간 동안 긍정적인 심리 상태를 유지하고자 부정적인 자극보다는 긍정적인 자극에 더욱 집중하는 '긍정성 효과'가 나타남.

- 청년 75명과 노인 65명을 대상으로 긍정성 효과를 증명하는 실험을 진행해 봄. 청년과 노인을 각각 두 그룹씩 나누어 한 그룹은 수명이 얼마 안 남았다고 상상하게 하고, 또 한 그룹은 수명이 여전히 많이 남았다고 상상하게 함. 그런 다음 긍정적이거나 부정적, 혹은 중립적인 심리를 표현하는 사진들을 보여 줌.
- 그 결과, 수명이 많이 남았다고 상상하게 한 그룹의 사람들은 부정적인 사진을 많이 기억함. 반대로 수명이 얼마 남지 않았다고 상상하게 했던 그룹의 사람들은 긍정적인 사진을 많이 기억함. 한마디로, 긍정성 효과는 실제 나이나 수명과는 관계없이 자신에게 주어진 시간을 어떻게 인식하느냐에 따라 다르게 나타남.

나이 들수록 시간이 빨리 간다

- 노인 지구인이 시간을 더욱 소중하게 여기는 것은 나이가 들수록 시간이 빨리 가서이기도 한 것 같음. 물론 실제 시간이 빨라지는 것이 아니라 그렇게 느낀다는 것임.

- 지구인은 감각 정보를 모으고 기억으로 재구성하면서 시간을 느끼는데, 새로운 경험을 하면 도파민이 많이 분비되어 신경 회로를 강하게 자극하고, 더욱 강한 기억을 만들 수 있음. 어린 시절에는 살면서 처음으로 경험하는 것들이 많아 강한 기억이 많이 생성되고, 처리하는 정보의 양도 성인보다 훨씬 많아서 시간을 길게 느낌.

- 그런데 나이가 들면 이미 다양한 것을 경험했기 때문에 자극의 강도가 줄고, 분비되는 도파민의 양이 줄어서 만들어지는 기억의 강도 또한 줄어듦. 밋밋한 기억만 계속되다 보니 강한 기억이 만들어질 때보다 시간이 더 빨리 가는 것처럼 느끼게 됨(※보고서 76 참고).
- 또 다른 관점으로 '시간의 비율' 이론도 있음. 언제나 자기 위주로 생각하기를 좋아하는 지구인은 같은 1년이라도 자기가 살아온 시간과 비교하게 됨. 10살 지구인은 1년을 자기 삶의 10분의 1로, 50살이 된 지구인은 1년을 50분의 1로 느끼니, 나이 들수록 시간이 더 짧게 느껴지는 것은 어쩌면 당연하다는 것임.

나이 들어도 시간을 천천히 흐르게 하려면

흐르는 시간을 붙잡을 수는 없어도 느껴지는 시간의 속도를 늦출 수는 있다. 주변에 쏜살같이 흐르는 시간 때문에 고민하는 지구인이 있다면 아래 세 가지 방법을 함께 시도해 보면 좋을 듯. 중요한 것은 지나간 시간을 후회하지 않고 시간에 의미를 부여하는 것!

1. 1년 동안 내가 어떤 경험을 했는지 매년 정리해 보기
2. 새로운 경험 피하지 않기
3. 가족, 직장, 친구가 아닌 나를 위한 시간 보내기

4

미라클 모닝의 함정

밤에 에너지 넘치는 지구인?

채린은 할머니와의 약속을 지키기 위해 생전 처음으로 공부를 시작했다. 책상 위를 가득 채운 화장품과 거울을 치우고 교과서를 꺼냈다.

"수능 만점자들은 다 교과서로만 공부했다잖아!"

삼색 볼펜을 들고, 새 책같이 빳빳한 국어 교과서에 밑줄을 쭉쭉 그어 내려갔다. 어려워 보이는 부분에는 별표와 동그라미를 잔뜩 달았다. 어느새 국어 교과서는 볼펜 자국으로 시커메졌다.

채린은 영어 같은 국어 책을 덮고 이번에는 진짜 영어 문제집을 펼쳤다. 초등학교 3, 4학년 때만 해도 영어는 할 만했는데 언제 이렇게 어려워졌을까? 어휴, 한숨을 쉬며 정신껏 답을 찍었다.

그런데 답을 다 찍기도 전에 피곤이 몰려왔다. 친구들이랑 놀 때는 밤 10시가 넘어도 쌩쌩했는데 공부를 하니까 금세 졸렸다. 시계를 보니 아직 10시도 안된 시간이었다. 채린의 눈이 스르르 감겼다.

공부 계획 첫날은 완벽한 실패였다. 그런데도 채린은 뿌듯했다.

"앞으로 열심히 하면 되지!"

채린은 가벼운 마음으로 휴대폰을 열었다. 채린이 공부하는 동안 친구들은 뭘 했을지 궁금했다.

"미라클 모닝? 어, 공부 잘하는 법이네."

역시 남스타그램이었다. 공부하겠다는 채린의 말을 엿듣기라도 한 듯이 필요한 정보를 딱 보여 주었다.

미라클 모닝은 아침 일찍, 새벽같이 일어나 아침 시간을 알차게 쓰는 생활 습관이다. 하루를 일찍 시작한 만큼 시간이 많아져 남들보다 보람찬 인생을 살 수 있는 방법으로 유행이었다.

"미라클 모닝을 하면 학생들은 성적이 쑥쑥 오르고 어른들은 성공을 한다고? 당장 시작한다!"

채린은 좋은 것은 친구와 함께 하는 편이었다. 그래서 학교에 가자마자 하나에게 달려갔다.

"하나야, 미라클 모닝 알아? 우리 같이 하자."

"아무튼 우리, 일찍 일어나는 새가 되는 거야. 좋지?"

하나는 적극적으로 권하는 채린을 에둘러 거절했다.

"우리 가족은 다 저녁형 인간이라 일찍 못 일어나."

"에이, 그럴수록 더 미라클 모닝을 해야 한대. 아침에 게으른 올빼미는 성공 못 해."

"하지만 올빼미는 원래 밤에 사냥하고 아침에 자는데?"

"아, 몰라 몰라. 같이 하자. 할 거지? 하는 거다?"

채린은 하나의 말을 못 알아듣는지, 못 알아듣는 척하는지 도무지 말이 통하지 않았다.

하나는 결국 미라클 모닝을 약속하고 말았다. 그러나 채린을 거절하지 못하는 자신이 한심해서 분통이 터졌다. 속상한 마음을 엄마에게 하소연했다.

"새벽 5시에 일어나서 스터디 카페에서 공부하고 운동하고 학교 가자는데, 그게 가능해?"

"어머, 누가 그런 기특한 아이디어를 냈어? 유정이? 세아? 다 같이 공부하기로 한 거야?"

"아니야, 있어. 우리 반 이상한 애. 진짜 별로야."

"아침에 같이 공부하자는 애가 뭐가 별로야? 훌륭하기만 하다. 너 일찍 일어나기 싫어서 그러는 거 아니야?"

"아니라고. 걔는 진짜 이상하다니까. 하, 엄마는 아무것도 모르면서."

엄마에게 같은 반 아이가 무서워서 어쩔 수 없이 끌려간다고 말할 수도 없고, 하나는 답답했다.

게다가 아침마다 같이 공부한다는 것은 등교도 같이 한다는 뜻이었다. 그러면 다른 아이들이 하나를 어떻게 생각할까? 하나는 머리가 복잡했다.

그래도 스터디 카페에 간 첫날, 공부 욕심이 많은 하나는 마음을 다잡았다.

'이왕 이렇게 된 거, 성적이라도 올려야지.'

하나는 부지런히 영어 단어를 외우고, 수학 문제집을 풀었다. 하지만 옆자리의 채린은 전혀 다른 모습이었다.

하지만 미라클 모닝을 하는 동안 하나의 학교 생활도 점점 채린을 닮아 갔다.

하나가 미라클 모닝의 부작용으로 고생하는 그 시각, 일 원장도 미라클 모닝을 생각했다.

일 원장은 평생 늦잠꾸러기로 살았다. 일부러 게으름을 피운 것은 아니었다. 그냥 어릴 적부터 아침에 일어나기가 힘들었다. 오전 시간에는 늘 정신이 몽롱하고 집중이 안 됐다.

하지만 다른 사람들은 식곤증에 시달린다는 점심시간이 지나면 일 원장은 서서히 머리가 개운해졌다. 날이 어두워지면 몸이 날아갈 듯 가벼워지고 창의력도 뿜뿜 솟았다. 그래서 일 원장은 중요한 공부나 일은 한밤중에 하곤 했다.

대학교를 졸업하고 직업을 정할 때 일 원장은 일부러 오후부터 시작할 수 있는 일을 찾았다.

"어이구, 평생 늦잠 잘 궁리만 하는 거야?"

홍실 여사가 혀를 찼지만 일 원장은 기어이 늦잠이 가능한 일을 찾아 학원 선생님이 되었다. 다행히 일 원장의 적성에도 딱 맞았다.

그런데 하나가 미라클 모닝을 하면서 일 원장의 올빼미 생활이 불편해졌다. 새벽밥을 먹여서 하나를 스터디 카페에 보내고, 조금 자다가 또 최고를 학교에 보내려니 힘들고 번거로웠다. 아침잠을 설쳐서 그런지 하루 종일 몽롱했다. 하나의 밥을 안 챙길 수도 없고, 차라리 중간에 다시 잠을 안 자는 게 나을 것 같기도 했다.

"이참에 나도 미라클 모닝을 해 볼까? 평생 들었던 게으름뱅이라는 말에서 벗어나 아침형 인간이 되는 거야!"

일 원장은 바로 다음 날부터 결심을 실행에 옮겼다.

미라클 모닝 첫날, 일 원장은 들떴다.

일 원장은 아침부터 잔칫상 같은 밥상을 차렸다.

밥상을 본 최고는 눈이 똥그래져서 물었다.

"오늘 누구 생일이야?"

일 원장은 뿌듯한 표정으로 대답했다.

"엄마가 아침형 인간으로 다시 태어난 날이지."

미라클 모닝 첫날, 일 원장은 하루가 정말 48시간이 되는 듯한 마법을 경험했다.

하지만 그날 밤에 문제가 생겼다. 일찍 일어나서 눈은 뻑뻑하고 몸은 피곤한데, 늦게 자던 습관 때문에 좀처럼 잠이 오지 않았다. 일 원장은 결국 영화를 보다가 새벽녘에야 겨우 잠들었다.

다음 날 아침 하나는 스터디 카페까지 태워 달라고 했다. 걸어서 10분 거리였다. 일 원장은 하나에게 그냥 걸어가라고 하려다가, 하나의 푸석한 얼굴을 보고 마음을 바꿨다.

다행히 큰 사고는 아니었다. 가로수에 상처가 좀 나고 자동차 범퍼가 살짝 깨지고, 무엇보다 일 원장의 미라클 모닝이 끝났을 뿐! 일 원장은 목을 비끗해서 병원 신세를 지게 되었다.

병실을 찾아온 홍실 여사는 잔소리를 퍼부었다.

"평생을 저녁형 인간으로 살더니 갑자기 웬 미라클 모닝이야? 아침형, 저녁형도 다 타고난다더라. 그냥 너한테 맞게 살아."

"정말? 엄마 인정한 거다! 나 게으른 거 아니다!"

일 원장은 당당하게 저녁형 인간으로 돌아갔다.

하나는 엄마를 보러 병원에 갔다가 뜻밖의 사람을 만났다. 채린이었다.

"하나, 너 교통사고 났다며. 어디 다쳤어? 내가 괜히 미라클 모닝 같이 하자고 그래서 그런 거야?"

채린은 하나의 두 손을 덥석 잡고 살펴보았다. 하나는 손사래를 치며 물러섰다.

"난 괜찮아. 엄마가 좀 다치셨는데……. 근데 너는 나 때문에 여기 온 거야?"

"어, 아니. 우리 할머니가 입원해 계셔서."

하나는 채린의 할머니를 기억했다. 유치원생인 채린을 번쩍 업어 주시던 건강한 분이었다.

"어떡해. 많이 아프셔?"

"조금. 아니, 좀 많이. 사실은 할머니 때문에 너랑 친하게 지내려고 했어."

채린은 솔직하게 털어놓았다.

"그동안 내가 너한테 너무 들러붙었지? 할머니 소원이라 무작정 너랑 친하게 지내려고 했는데, 네 입장은 생각 못 했어. 미안해."

불쑥 다가왔던 것처럼 채린은 하나의 곁에서 갑자기 물러났다. 하나는 뭐라고 대답해야 할지 몰라 그저 고개만 끄덕였다.

하나는 할머니의 병실로 향하는 채린의 뒷모습을 바라보았다. 채린이 친한 척 좀 그만하길 그토록 바랐는데 어쩐지 기분이 개운하지 않았다.

"하나야, 왜 여기 있어? 엄마 병실 3층인데."

홍실 여사가 하나에게 다가왔다. 하나는 할머니에게 바짝 다가가 손을 잡았다.

보고서 105

일찍 일어나는 지구인의 하루는 길다

★ 임시 본부 근처의 고양이들과 놀고 뒷산을 올라가 보기도 했음. 이제 곧 오로라의 말대로 지구를 떠날지도 모른다면 되도록 지구의 모든 면을 탐험하고 떠나고 싶음.

★ 하나의 새로운 동네 친구는 아침 일찍 하나와 만나 스터디 카페에 가는 것 같음. 스터디 카페라면 공부하러 가는 곳인데, 하나랑 하나의 친구는 공부하기를 그렇게나 좋아하나? 하나는 매일 학교에 지각할까 봐 뛰어다녔는데 요즘은 새벽같이 일어나 친구를 만나는 것 같음.

★ 임시 본부가 있는 동네에서 교통사고가 남! 사고의 주인공은 하나와 하나의 엄마인 일 원장이었음. 큰 사고는 아니었지만 일 원장은 병원에 간 것 같음. 며칠 동안 일 원장을 동네에서 못 봤음.

★ 이제 슬슬 오로라와 라후드가 있는 보스 연구소로 돌아가야 할 것 같은데 되돌아가는 길을 잘 모르겠음. 여기서 기다리면 오로라와 라후드가 나를 찾으러 오지 않을까? 그동안 나는 지구를 조금 더 탐험해야지!

아침형 지구인, 저녁형 지구인

- 지구에는 아침에 활동하기 좋아하는 아침형 지구인과 저녁에 활동하기 좋아하는 저녁형 지구인이 있음. 흔히 아침형 지구인은 더 성실하고, 저녁형 지구인은 의지가 약하거나 게으르다는 편견이 있는데, 사실 아침형인지 저녁형인지는 'PER3'이라는 유전자로 결정될 가능성이 52%나 됨. 이 유전자의 길이가 길면 아침, 짧으면 저녁형이 되는 것임.

- 저녁형 지구인에게는 남다른 장점도 있음. 영국과 스페인에서 각각 청소년들을 대상으로 연구한 결과, 저녁형 청소년이 아침형 청소년보다 창의적이고 IQ도 높게 나타났음. 또한 저녁형 청소년은 귀납 추리 능력과 문제 해결 능력도 뛰어났음. 사토시 가나자와 교수는 인류가 과거부터 낮에는 생활을 위해 일하고, 밤에는 독창적인 활동을 해 왔기 때문이라고 분석함.

- 그러나 학업 성적은 오히려 아침형 청소년들이 더 높았음. 아침형은 초저녁에 깊이 자고 새벽에 얕은 잠을 자지만, 저녁형은 수면 패턴이 그 반대임. 게다가 저녁형 지구인은 아침형보다 잠이 오게 하는 호르몬인 '멜라토닌'이 3시간 늦게 분비됨. 그런데 학교 수업은 아침 일찍 시작하다 보니, 저녁형 청소년은 제대로 잠을 자지 못하고 수업을 듣거나 시험을 보기 때문에 제 실력을 발휘하지 못할 수 있음.

지구인은 자면서도 시간을 안다

- 잠꾸러기 지구인들도 가끔은 알람이 울리기도 전에 눈을 번뜩 뜰 때가 있음. 이미 잠을 충분히 잤기 때문에 더 이상 졸리지 않아서 잠에서 깨는 것과는 달리, 이럴 땐 피곤해도 눈이 저절로 떠짐.

• 알람이 울리지도 않았는데 어떻게 일어날 때를 알까? 그건 바로 지구인 몸속에 있는 'PER 단백질' 때문. PER 단백질은 24시간마다 농도가 진해지고 옅어지기를 반복함. PER 농도가 옅어지면 심장 박동이 느려지면서 졸음이 쏟아짐. 반대로 PER 농도가 진해지면 심장 박동이 빨라지면서 잠에서 깸.

• 게다가 지구인들은 시끄러운 알람 소리를 들으면서 잠에서 깨는 것을 아주 싫어함. 그래서 알람을 듣기도 전에 스트레스 호르몬인 '코르티솔'을 분비하면서, 알람이 울리기 전부터 깨어나려고 함.

• 독일의 수면 과학자들이 이와 관련된 실험을 해 보았음. 실험 참가자들에게 "내일 아침 6시에 깨우겠습니다."라고 말하자, 그날 새벽 4시 반부터 코르티솔 농도가 증가함. 반면 "아침 9시에 깨우겠습니다."라고 한 날은 코르티솔 농도에 큰 변화가 없었음.

• 이처럼 지구인들이 깨어나야 하는 시간을 예상하고 대비할 수 있는 것은 다가올 사건을 예측하고 패턴화하는 뇌의 기능 덕분임. 패턴화 기능의 핵심 부위는 '후두정엽', '후측 중간 측두회'와 '감각 운동 피질'임. 후두정엽은 타이밍과 운동 준비를 담당하고, 후측 중간 측두회는 시간의 흐름에 따른 사건 처리를 담당함. 마지막으로 감각 운동 피질이 예측된 사건에 대해 어떻게 움직일 것인지를 생각함. 타이밍을 예측하는 뇌 덕분에 지구인들은 다양한 상황에 대비할 수 있음.

다가올 사건을 예측하는 지구인의 뇌

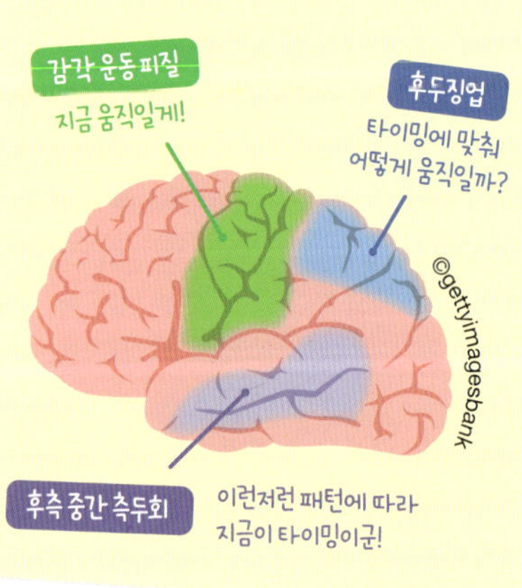

5

비밀 요원에게도 월요병이 있다

지구인의 시간 관리법

비밀 요원들은 루이와 대호를 우주국의 격리 관찰실로 데려갔다. 무시무시한 철문을 열고 루이와 대호를 집어넣었다.

쾅! 문이 닫히자 루이는 철문에 매달려 애원했다.

"어디 가요? 살려 주세요. 꺼내 주세요."

대호는 문을 발로 차며 소리쳤다.

"경찰에 신고할 거야. 내 폰이……. 어, 폰이 없네. 내 폰 내놔. 폰 줘, 폰 없이는 못 산다고오오오~!"

대호는 고래고래 소리를 지르다 털썩 주저앉았다. 포기가 빠른 편이었다.

뒤를 돌아본 대호는 방 안을 보고 깜짝 놀랐다.

대호는 벌써 제집처럼 편안해졌다. 리모컨으로 텔레비전 채널을 돌리며 뷔페처럼 차려진 음식들을 냠냠 먹기 시작했다.

"잡혀 오길 잘했어. 평생 갇혀 있고 싶다."

"안 돼. 먹지 마. 나중에 돈 내라고 하면 어떡해?"

루이가 말렸지만 대호는 태연하기만 했다.

"괜찮아. 아까 그 사람들 하는 말 못 들었어? 우리더러 외계인이라고 했잖아."

비밀 요원 37호는 당장이라도 루이와 대호를 '외계인 검사실'에 넣고 정체를 샅샅이 밝히고 싶었다. 하지만 벌써 금요일 오후, 연구원들은 퇴근 준비로 정신이 없었다.

비밀 요원 37호는 외계인 형제의 검사를 월요일 첫 시간으로 예약했다. 그리고 퇴근하려는 38호를 붙잡고 신신당부했다.

"월요일에 절대 지각하지 마. 외계인 검사가 9시 정각이야. 난 형 담당, 삼팔 요원은 동생 담당. 늦지 마. 알았지?"

"알았어. 알았다고. 내가 언제 늦었다고 그래?"

비밀 요원 38호가 짜증 섞인 목소리로 대꾸했다. 37호는 어이가 없었다.

"언제 늦었냐고? 기억 안 나? 작년 5월 둘째 주 월요일, 외계인 스파이 도청 사건! 네가 도청기를 가지고 지각해서 망쳤잖아."

"작년 12월 첫째 주 월요일 코어시티 잠입 작전은 또 어떻고! 네가 '피자 배달원'으로 위장하고 침투하기로 했는데 두 시간이나 늦었잖아."

"기억 제거 훈련 날도. 한 시간 늦게 오는 바람에 훈련 제대로 못 받아서, 기억을 제거하려다가 사람을 제거할 뻔했던 거, 잊었어?"

"아파서 그랬으니까 이해해 줘. 심각한 병에 걸려서……."

비밀 요원 38호는 목소리를 작게 깔며 기운 없는 척을 했다.

"병? 무슨 병?"

비밀 요원 37호는 38호의 아픈 모습을 한 번도 본 적이 없었다. 독감이나 배탈은커녕 가벼운 감기도 안 걸렸다. 비밀 요원 38호는 높은 데서 떨어져도 멀쩡하고, 비를 맞고 다녀도 끄떡없는 건강 체질이었다.

"월요병. 전 세계 인류의 70%가 앓는 심각한 전염병!"

비밀 요원 38호는 뻔뻔하게 말하고는 주말을 즐기러 당당하게 걸어 나갔다.

이번 주말에도 38호는 밤늦게까지 놀았다. 금요일 밤에는 춤추러 가서 늦게까지 놀고, 토요일엔 늦잠을 자고 쇼핑을 한 뒤 밤새 게임을 했다. 일요일에는 하루 종일 침대에서 뒹굴거리다가 밤엔 잠이 오지 않아 늦게까지 웹툰을 봤다.

직장인답게 비밀 요원 37호도 귀한 주말을 즐겼다. 금요일 밤에는 친구들을 만나 영화를 보고 늦도록 이야기를 나누었다. 토요일에는 가족들과 소풍을 가서 아이들과 뛰어놀았고, 일요일에는 집 안 청소를 하고 직접 만든 저녁 식사를 먹고 밤에 일찍 잠자리에 들었다. 월요일 출근을 위해 힘을 비축한 것이다.

월요일 아침 8시 50분, 비밀 요원 37호는 벌써 출근해서 업무를 준비하고 있었다. 같은 시각 38호는 헐레벌떡 침대에서 뛰쳐나왔다.

"으악, 또 늦었다!"

38호는 소리를 지르며 출근 준비를 했다.

비밀 요원 37호는 검사 예약 시간인 정각 9시에 루이를 데리고 외계인 연구소의 검사실에 들어섰다. 하품을 하고 있던 연구원이 37호를 보고 일어섰다.

"아이고, 벌써 오셨어요? 요원님은 월요병도 없으신가 봐요. 늦는 법이 없네요."

"주말에도 평일과 비슷한 수면 패턴을 유지하면 월요병은 안 생깁니다."

똑 부러진 대답은 루이가 아니라 비밀 요원 37호를 외계인으로 의심하기 충분했다.

"그게 말처럼 쉽나요? 주말에는 좀 늘어져야 지구인이죠."

연구원의 말에 루이는 격하게 동의했다. 검사 전 입을 막지만 않았으면 "내가 그래요. 주말엔 너무 늘어져요. 난 지구인이니까요!"라고 소리치고 싶었다.

루이의 속도 모르고 정체도 모르는 우주국 연구원들은 검사를 시작했다.

으윽.
악!
지
직
당신은 외계인입니까?
버럭
아니요. 아닙니다. 아니라고요. 난 지구인 루이라고요!
그럼 증거를 대요.
내가 나니까 나라는데, 나라는 증거를 어떻게···?!
···
뚜-

루이의 검사가 거의 끝나 갈 무렵에야 비밀 요원 38호가 헐레벌떡 나타났다.

"미안, 월요일이라 지하철이 너무 막혀서……. 빨리 할게."

38호는 허둥지둥 대호를 검사실로 데려갔다. 마음이 급해서 그런지 검사를 준비하면서 자꾸 손이 미끄러졌다.

드디어 루이와 대호의 외계인 지수 검사 결과가 나왔다. 외계인 지수는 0점에서 10점 사이로 외계인 가능성을 수치화한 것이다.

국제 우주국 최고의 과학자들이 공동 개발한 이 수치는, 아무리 설명해도 일반인들은 도무지 이해하기 어려운 온갖 신체, 심리 지표들을 활용한 '비인간 반응 패턴 법칙'에 따라 만들어졌다. 지구인의 평균 지수는 2.1이다.

0.0 ~ 4.9 확실한 지구인

5.0 ~ 6.9 외계인일 가능성 있음

7.0 ~ 8.9 외계인일 가능성 큼

9.0 ~ 10.0 외계인 확실

검사 결과 루이는 1.7로 확실한 지구인, 하지만 대호는 정확히 5.0이었다.

"엇, 동생만 외계인인가?"

"아니. 둘 다 외계인 아니다."

외계인 지수에는 한 가지 예외가 있는데, 바로 사춘기 지구인의 정상 지수 범위는 3.5에서 6.0인 것. 사춘기 지구인은 워낙 이해하기 어려운 존재라 외계인처럼 보일 때가 많기 때문이다.

루이와 대호 형제는 확실한 지구인으로 판명되었다.

비밀 요원들은 루이와 대호를 돌려보내야 한다.

하지만 이대로 보낼 수는 없었다. 여기는 우주국 비밀 기지, 외계인 추적은 이곳에서도 가장 비밀스러운 임무다. 위험 요소가 없는 지구인이라도 이곳에서 본 것은 모두 잊어야 했다.

"미안하지만 여기 일은 다 잊어 줘야겠어요."

비밀 요원 37호는 루이와 대호를 기억 제거 장치로 데려갔다.

시험공부한 거
잊으면 진짜
아깝긴 한데….
지금 시험이
문제야?
BUS
형, 여기가 어디야?
집 가고 싶어.
배고파.
어질
나도 몰라.
집에 어떻게
가야 하지?

보고서 106

지구인들은 월요일마다 병에 걸린다

작성자: 오로라

★ 라후드의 잘못으로 지구인 두 명이 위험에 처함. 아우린의 안전을 위해 지구인들의 처지를 무시해야 하지만 라후드가 아끼는 지구인들이니 오늘만 돕기로 했음. 나를 도와줄 다른 외계인들도 있으니 이번 임무는 어렵지 않을 듯.

★ 라후드가 검은 양복과 안전실에 갇혀 있는 게 오히려 마음이 편함. 루나와 스피가 도망치려고 하면 지구인인 검은 양복보다 라후드가 루나와 스피를 더 잘 붙잡을 수 있을 것임. 내가 치긴 했지만, 라후드는 곧 깨어날 것임. 지구 시간으로 정확히 30분만 있으면 깨어날 수 있도록 힘을 조절해서 때렸으니까.

★ 루이와 대호는 아무래도 외계인으로 의심받고 있는 것 같음. 지구인 기준으로 독특한 형제이긴 하지만 루이와 대호는 누가 봐도 이성이 부족한 지구인임. 내가 구하러 가기 전까지 루이와 대호가 안전하기만을 바랄 뿐임. 아마 그 둘은 너무 확실한 지구인이어서 곧 풀려날 것임.

지구인의 월요일은 유난히 피곤하다

- 지구인은 월요일만 되면 좀비처럼 변함(좀비는 지구인들의 상상 속 괴물임). 월요일이 아닌 날에는 쌩쌩하던 지구인도 월요일 아침만 되면 눈가에 다크서클이 드리워 있음. 지구인들은 이러한 증상을 '월요병에 걸렸다'고 말함.
- 미국의 한 대학교에서 연구한 결과에 따르면, 월요병은 지구인들이 주말에 잠을 많이 자서 생기는 증상임. 지구인의 몸은 평소보다 2시간만 더 자도 신체 리듬이 깨짐. 그런데 학교에 가거나 출근해야 하는 월요일에는 이미 깨져 버린 신체 리듬을 억지로 되돌려야 하기 때문에 '사회적 시차증'에 시달리는 것.
- 월요병에서 빠져나오고 싶다면 월요일 점심을 특별하게 먹는 것이 좋음. 특히 오메가3가 풍부한 연어나 호두를 먹으면 기분이 최대 58% 좋아질 수 있음. 책상에 오래 앉아 있어야 한다면, 책상 조명을 더 밝게 하는 것도 좋은 방법임. 낮 동안의 밝은 조명은 기분을 좋게 만들고, 숙면을 돕는다는 과학적인 연구 결과가 있음.

꿈에서 시간은 어떻게 흐를까?

지구인들은 꿈을 꾸는 동안에도 시간의 흐름을 느낀다. 하지만 꿈속의 시간은 현실의 시간과는 조금 다르게 흐른다.
스위스의 대니얼 에를라허 교수는 자각몽을 꿀 수 있는 지구인 21명에게 꿈속에서 세 가지 과제를 하게 했다. 첫 번째는 숫자를 세는 것, 두 번째는 몇 걸음을 걷는 것, 세 번째는 간단한 체조를 하는 것이었다. 그리고 참가자들이 각 과제를 끝낸 후에는 눈을 움직이도록 했다. 잠들어 있는 실험 참가자들의 안구 움직임을 측정해 보니, 숫자를 세거나 걷고 체조하는 속도가 현실에서보다 20~50% 느렸다. 꿈속에서는 현실보다 시간이 천천히 흐른다는 증거. 안 그래도 부정확한 지구인의 시간 감각은 자는 동안 더 엉망이 된다.

지구인을 괴롭히는 시차

- 지구인 몸에는 밤에 잠들고 아침에 깨게 하는 '생체 시계'가 존재함. 생체 시계는 간뇌 시상 하부에 있는 '시교차상핵'에 있는데, 간뇌는 체온이나 혈당 등 신체 상태를 일정하게 유지하는 역할을 함.
- 생체 시계는 24시간을 기준으로 멜라토닌 분비를 조절함. 밤에는 멜라토닌을 많이 분비하고 아침에는 적게 분비해서 수면 패턴을 일정하게 조절하는 것.
- 그런데 사는 곳과 시간대가 다른 해외로 여행을 가면 밤낮이 바뀌어 '시차 증후군'에 시달림. 생체 시계와 실제 환경이 서로 충돌하기 때문. 시차 증후군의 대표적인 증상으로는 불면증, 피로, 소화 불량, 불안함, 집중력과 기억력 저하 등이 있음. 대부분 일시적인 증상에 그치지만, 심하면 난치성 만성 질환까지 얻을 수 있음.
- 시차 증후군을 빨리 극복하기 위해서는 우선 아침 식사를 많이 먹고 야식을 피해야 함. 이렇게 하면 위의 생체 시계를 새로운 시간대에 적응시켜서 뇌의 생체 시계까지 조정할 수 있음.

지구의 시간을 정하는 기준, 본초 자오선과 경도

지구는 자전 때문에 지역마다 해가 뜨고 지는 시점이 서로 다르다. 그러니 "아침에 만나자!"라고 한국 지구인과 미국 지구인이 약속해도 절대 만날 수 없다. 이 같은 문제를 해결하기 위해 지구인들은 몇 가지 규칙을 세웠다. 먼저 북극점과 남극점을 잇는 가상의 세로선을 그리고, 가장 기준이 되는 세로선인 '본초 자오선'을 정했다. 그리고 본초 자오선으로부터 서쪽 혹은 동쪽으로 얼마나 떨어져 있는지를 '경도'로 나타내기로 했다. 지구를 경도에 따라 24개 구역으로 나누고, 각 구역이 공통된 시간대를 사용하게 했는데, 이렇게 정해진 시간을 '세계 표준시'라고 한다. 본초 자오선(경도 0°)의 시간을 기준으로, 동쪽으로 가면 시간이 더 빨라지고, 서쪽으로 가면 더 느려진다.

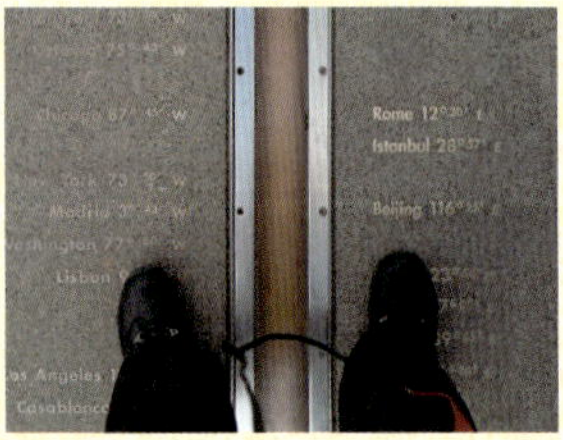

© Wikimediacommons

본초 자오선에 서 있는 지구인

6

배신자 보스?

지구인의 형편없는 기억력

라후드를 안전실에 밀어 넣은 오로라는 급히 어딘가로 향했다. 가는 길에 냐냐 돌격대장에게 연락하는 것도 잊지 않았다.

"냐냐 대장, 지금이다. 은혜를 갚을 시간."

오로라는 라후드가 그토록 걱정하던 루이와 대호를 구하러 왔다.

원래 계획은 우주국에 몰래 침입해서 구출 작전을 펼칠 생각이었다. 우주국 요원들에게 들킬 경우를 대비하여, 오로라에게 은혜를 갚아야 하는 냐냐 돌격대를 지원병으로 데려왔다. 라후드는 일부러 두고 왔다. 뛰어난 이성의 오로라는 덤벙대는 라후드와 함께 구출 작전을 펼치면 실패 확률이 높아진다는 사실을 정확히 예측했기 때문이다.

그런데 루이와 대호는 벌써 우주국에서 풀려나 있었다. 다행이라고 생각한 것도 잠시, 문제가 생겼다. 우주국에서 루이와 대호의 기억을 너무 많이 지우는 바람에 루이 형제는 오로라를 기억하지 못했다.

오로라는 얍얍얍, 지구인이라면 해낼 수 없는 빠른 속도로 루이와 대호를 제압했다.

비밀 요원 37호와 38호가 부리나케 뛰어나간 직후, 우주국에 한 통의 제보 전화가 걸려 왔다.

삐용삐용삐용~! 우주국 전체에 경보음이 울려 퍼졌다. 대기 중인 현장팀에는 급한 무전이 날아왔다.

"외계인의 은신처로 추정되는 장소가 탐지되었다. 현장 7팀, 9팀, 11팀은 장비를 모두 챙겨 즉시 출동하라."

검은 옷을 입은 요원들은 재빠르게 움직여 특수 차량에 올랐다.

보스 연구소의 지구인과 외계인들은 우주국의 움직임을 전혀 눈치채지 못했다. 특히 외부와 완전히 단절된 안전실 안에 갇힌 검은 양복은 너무나 안전하고 지루하고 배가 고프다는 생각뿐이었다. 검은 양복은 주머니에서 수첩과 볼펜을 꺼내, 나가서 먹을 음식 목록을 적었다.

"저녁에는 삼겹살 지글지글 구워 먹을 거야. 아니, 돼지갈비. 아니다. 고소한 치킨에 콜라, 매콤한 탕탕면."

"나도 탕탕면 좋아요."

검은 양복과 라후드는 음식 이야기로 쿵짝이 맞았다. 가만히 듣고 있던 스피도 슬쩍 끼어들었다.

"흥! 누가 이성이 낮다고? 이건 쓸데없는 잡담이 아니라 이성적인 지구인의 '미래 계획'이라고."

검은 양복은 발끈해서 진짜 계획을 세우기 시작했다.

"오늘 저녁 할 일, 저녁에 삼겹살을 다 먹으면 8시 30분. 집에 도착하면 9시. 운동하고 씻으면 11시. 뉴스 좀 보면 12시? 책 읽을 시간이 없네. 왜 항상 시간이 모자라지?"

검은 양복은 볼펜 꼭지를 물어뜯으며 중얼거리다 문득 라후드를 바라보았다.

"외계인도 늘 시간이 부족해요?"

"아니요. 나는 1835살이 되는 동안 하고 싶은 건 다 해 봤어요. 시간 부족은 없었어요."

"네? 천팔백 몇 살이요?"

검은 양복은 입을 떡 벌렸다. 외계인과 지구인이 많이 다를 줄 알았지만 수명 차이가 그렇게 많이 날 줄은 몰랐다.

"그렇게 오래 살면 당연히 여유가 있겠죠. 아니, 시간이 막 남아돌아서 심심할지도 모르겠네."

검은 양복은 100년도 못 사는 지구인으로 태어난 자신의 운명이 살짝 억울했다.

지구인과 외계인들이 안전실에서 안전하게 티격태격하는 동안 보스 우주 연구소 앞에 검은 옷을 입은 요원들 수십 명이 도착했다. 요원들은 특수 탐지 장비를 펼치고, 건물 안에서 감지되는 생명체의 움직임을 찾았다.

그 시각 아무것도 모르는 보스는 전파 연구실에서 나와 안전실로 가는 복도를 걷고 있었다. 요원들의 장비는 어둡고 긴 복도를 지나는 보스를 바로 포착했다.

"저기다!"

안전실 앞에 도착한 보스는 습관처럼 주위를 살폈다. 연구소 안은 언제나 그렇듯 평화로웠다. 살랑살랑 나뭇잎을 흔드는 바람뿐, 귀엽게 야옹거리던 고양이도 사라지고 없었다. 보스는 안심하고 안전실의 문을 열었다.

나는
지구인이에요.
억울해요.
기겁
덜덜
나는 지구인보다
더 지구인 같아요.
괜히 왔다, 지구.
미워 죽겠다,
배신자 루나.
무력 사용은
상호 비효율적이다.
그냥 체포해라.
오로라보다
지구인에게 잡히는 게
낫지. 탈출에 유리해.
냐냐,
저분들이 아우린들이다.
은혜 갚을 시간이다,
냐냐.

냐냐,
꼭 매달려서 가야
하냐, 냐냐?
덜컹
냐!
냐냐, 힘들어
죽겠다, 냐냐.
덜컹
깩!
냐냐, 냐냐 행성 최고법 1조,
은혜는 반드시 갚는다.
냐냐, 원수도 반드시 갚는다.

체포된 외계인들과 지구인들은 우주국의 격리 관찰실로 끌려갔다. 보스는 검은 양복과 외계인들을 보며 책임감을 느꼈다.

'어떻게든 빠져나갈 방법을 찾아야 해.'

보스는 팔짱을 끼고 골똘히 생각했다. 검은 양복은 보스에게 바짝 다가가 속삭였다.

"보스, 우리는 외계인이 아니니까 별일 없겠죠?"

보스는 입을 꾹 다문 채, 말없이 고개만 끄덕였다.

그러자 라후드가 갑자기 끼어들어 다급하게 외쳤다.

"난 마음이 지구인보다 더 지구인 같으니까 괜찮겠죠?"

상황 파악 능력이 전혀 없는 라후드를 보며 루나를 혀를 찼다.

"이상하지 않아? 우주국에서 우리 위치를 대체 어떻게 알았을까? 그것도 아주 정확하게."

"누가 일렀나?"

"그렇지. 이긴 우연일 리 없다. 내부 세보야."

루나는 안전실 밖에 있던 유일한 지구인인 보스를 다시 한 번 쓱 쳐다보며 의미심장한 말을 툭 뱉었다.

"이 중에 배신자가 있다."

그 말에 보스는 다시 생각에 잠겼다.

'배신자라…….'

잠시 뒤, 외계인 심리 전문 요원 노보통이 보스만 따로 불렀다. 노보통은 이름으로 보나 분위기로 보나 보스가 외계인 대장이 틀림없다고 생각했다. 노보통은 보스의 머리에 심리 검사기를 연결하고 심문을 시작했다.

"당신은 외계인들의 대장입니까?"

"아니, 난 지구인이요. 보스 연구소의 주인이자 외계인 추적자지."

뜻밖의 대답에 노보통은 어리둥절했다. 보스는 그 틈을 놓치지 않고 말을 이었다.

"난 사업가요. 외계인들로 돈을 벌 생각이었소."

"하지만 외계인들에게는 황금을 만들 능력이 없더군. 그래서 당신들에게 넘긴 것이오."

"뭐……? 그럼 제보자가 당신?!"

"외계인 때문에 사업상 손해를 볼 수 없었소. 난 냉정하거든."

다른 방에서 듣고 있던 요원들은 보스의 말에 재빨리 확인했다. 제보 전화의 발신지는 실제로 보스 우주 연구소였다. 그 시각 보스 이외의 다른 직원들은 다 퇴근했고 외계인들은 안전실에 갇혀 있어 통신이 불가능했다. 보스가 제보자일 가능성이 높았다.

요원들은 보스가 진짜 지구인인지도 확인했다. 온갖 복잡한 검사 끝에 보스가 받은 외계인 지수는 3.5. 성인 여성의 평균보다 높았지만 정상 범위였다,

"당신은 지구인이 맞는 것 같습니다. 원래라면 기억을 제거해야 하지만 외계인들에 대한 정보를 공유해야 하므로 기억 제거는 잠시 미루겠습니다. 따로 연락이 있을 것입니다."

다행히 보스는 풀려났다. 하지만 보스는 우주국 앞을 바로 떠날 수 없었다. 오로라를 만나 라후드와 검은 양복을 구할 방법을 찾아야 한다.

오로라는 루이 형제를 집에 데려다주고 연구소로 오기로 했다. 하지만 이제 보스의 연구소는 위험하다. 우주국에서 감시 장비를 설치했을지도 모른다.

"오로라를 어디서 찾지?"

중얼거리는 보스 앞에 고양이 한 마리가 나타났다.

냐냐, 냐냐 행성의
돌격대장이다.
오로라를 찾아 주겠다냐.
두둥
고양이가 말을…?
혹시 외계인?!
조심해. 우주국에
들키면 위험해.
끙 끙
냐냐, 우리는
들킬 만큼 어리석지
않다, 냐냐.
그 말을 들으면
오로라가 화내겠군.
뛰어난 이성을 자랑하는
아우린이라….
비빗
비빗
위치 좌표를
보내라, 냐냐.
냐냐, 특공대원 5호,
오로라에게 소식을 알려라.
보스 저택 1312호로
와라, 냐냐.

7

오로라, 구해 줘

오로라, 보스와 만나다!

냐냐, 보스에게
연락이 왔다. 라후드와
외계인들이 우주국에
잡혀갔다, 냐냐.
쌩~
부우웅
뭐?
라후드가?
보스는?
덜컥!
냐냐, 보스만
빠져나왔단다,
냐냐.
낑낑
아우레 탐사대장
오로라, 당장 대원을
구하러 간….
우리는
어떡하고요?
당장은
안 되겠군….

오로라는 속도를 높여 쌩쌩 달리기 시작했다.

'모두 체포, 혼자 탈출, 보스, 우주국…….'

오로라의 머릿속은 예상하지 못한 상황으로 복잡했다. 어떻게 보스만 탈출했을까? 오로라는 오토바이가 얼마나 빨리 달리는지 신경 쓸 겨를이 없었다.

루이와 대호는 생전 처음 느껴 보는 속도에 손잡이를 꽉 붙잡았다.

대호는 의심 어린 눈빛으로 벌벌 떨며 말했다.

"저 아줌마, 진짜로 우릴 집에 데려다주는 거 맞지? 분위기가 무서워."

루이는 겁에 질린 대호를 안정시켰다.

"응, 내 예감에 착한 사람인 것 같아."

그러나 얼마 지나지 않아 오로라는 루이네 동네 근처의 호수 공원 앞에서 오토바이를 멈춰 세웠다.

"루이 씨, 여기서 내려요."

"네? 왜요?"

루이는 손잡이를 더 꽉 붙잡고 물었다. 집에 도착하기 전까지는 내릴 수 없었다.

"집까지는 못 데려다줘요. 여기서부터 걸어가요."

"여기가…… 어딘데요?"

"루이 씨 동네잖아요. 모르겠어요? 대호, 너는? 너도 기억이 안 나?"

루이와 대호는 겁먹은 눈으로 고개를 저었다. 우주국에서 루이와 대호의 기억을 너무 많이 삭제한 모양이었다. 그렇다면 루이 형제를 집까지 데려다줘야 하나?

루이의 집은 아우린의 임시 본부와 같은 건물, 이미 우주국에 외계인이라는 존재를 들켜 버린 바로 그 본부의 아래층이다. 우주국에서 몰래 지켜보고 있을 가능성이 높은 지점이라 다시 접근하기에는 위험했다.

게다가 오로라는 라후드를 빨리 구하러 가야 한다. 대원의 안전을 지키는 것은 아우레 탐사대장 오로라에게 가장 중요한 임무니까.

하지만 집도 못 찾는 루이 형제를 길바닥에 버리고 가는 것은 루이 형제의 안전을 심각하게 위협하는 일이다. 라후드가 가장 아끼고 염려하는 지구인의 생명이 위험한 일!

'지구인보다는 높은 이성의 아우린이 위험에 더 잘 대처할 가능성이 훨씬 높으니까…….'

오로라는 헬멧에 붙은 고글을 내려 썼다. 그 정도로 가리면 비밀 요원들도 오로라를 알아보지 못하겠지! 오로라는 지구인의 불완전한 감각을 믿었다.

부릉부릉, 오로라는 서둘러 오토바이를 다시 몰아 일등학원 건물 앞에 도착했다.

"와, 우리 집이다."

대호가 3층 창문을 가리키며 외쳤다. 다행히 집은 기억하는 모양이었다.

"어서 내려요."

오로라는 아무도 모르게 루이 형제를 내려 주고 재빨리 떠나려고 했다. 그러나 지구에서는 계획한 일들이 제대로 착착 흘러가지 않는 법. 하필이면 1층 피아노 학원에서 선생님이 나왔다. 피아노 학원 선생님은 오로라를 보고 활짝 웃으며 다가왔다.

"어머, 아싸 어머니, 안녕하세요."

어째서인지 피아노 학원 선생님은 커다란 헬멧으로 머리를 꽁꽁 싸맨 오로라의 정체를 바로 파악하고 말았다.

오로라는 얼른 고개를 돌린 채 루이에게 속삭였다.

"내려요, 어서."

루이는, 오로라와 라후드는 물론이고 자기 동네도 기억을 못 했지만 최근에 알게 된 피아노 학원 선생님을 기억했다. 그렇다면 루이의 기억 제거는 최근순이 아니고 그냥 뒤죽박죽된 건가? 그러다 생존에 꼭 필요한 기억마저 지우면 어쩌려고! 오로라는 저도 모르게 루이를 걱정하다가 곧 고개를 저었다.

'괜찮아. 외계인만 잊으면 루이는 안전할 거다.'

루이가 피아노 선생님에게 정신을 파는 사이에 오로라는 슬며시 출발했다. 그런데 우다다다 오로라를 뒤쫓는 발소리가 들렸다.

"오로라, 어디 가? 같이 가."

도됴리가 훌쩍 뛰어 오토바이 사이드카에 올라탔다. 지구인이라면 도달할 수 없는 속도와 높이였다. 우주국 비밀 요원이 감시 중이라면 도됴리가 외계인이라고 확신할 것이다.

오로라는 라이언이 전한 보스의 비밀 저택 1312호 위치에 도착했다. 하지만 막상 도착한 곳은 아무것도 없는, 허허벌판이었다.

"보스 저택은 어디 있는 거냐?"

도됴리는 손을 앞으로 뻗어 휘저었다.

"투명 저택이야?"

오로라의 의심은 당연했다. 우주국 격리 관찰실에 갇힌 외계인들도 비밀 요원과 면담하러 간 보스가 돌아오지 않자 같은 의심을 했다.

"보스가 돌아오지 않는군. 우리를 버리고 혼자 나간 건 보스가 배신자라는 뜻이지. 혼자 살려고 우릴 고발한 게 분명해."

확신에 찬 루나의 말은 다른 외계인들의 마음을 흔들었다. 스피는 몸을 부들부들 떨며 진저리 쳤다.

"믿으면 안 된다, 대장들은. 지구에 와서 교훈 얻었다, 스피는."

"정말 그럴까? 아닐 수도 있잖아."

라후드는 여러 가능성을 생각하며 고개를 갸웃했다. 검은 양복은 화가 난 듯 벌떡 일어났다.

에필로그

아우레에서 날아온 우주선

아우레 지구 탐사대의 귀환은 한없이 미뤄지고 있다. 아우레 행성의 지도자들은 파타냐 행성을 개발하느라 지구에 남은 아우린들의 귀환에 신경 쓸 겨를이 없었다. 소행성 충돌로 아우레가 폭파되기 전 아우린 전체가 이주할 수 있는 도시를 지어야 하기 때문이다.

게다가 파타냐 행성에 물자를 보낼 우주선이 모자란 판국에 지구에 보낼 우주선까지 챙기기는 무리였다. 하지만 아우레의 모두가 지구 탐사대를 잊은 건 아니었다. 지구 탐사대원이었던 아싸는 직접 개발한 초대형 전파 그물을 펼치고 지구 쪽을 향해 귀를 기울였다.

아싸는 초대형 전파 그물에 걸린 특이한 전파를 분석해서 아우레 지구 탐사대의 소식을 잡으려 했다.

그러나 지구와 아우레는 미나레스 웜홀을 사이에 둔 머나먼 거리로, 지구의 기술로 보낸 전파가 아우레까지 도달하기란 거의 불가능했다.

그런데 최근, 아우레 행성 근처에 생긴 새로운 블랙홀 때문에 또 다른 웜홀이 열리면서 사정이 달라졌다. 새로운 웜홀을 타고 지구가 있는 우리은하 방향에서 이상한 전파들이 몰려들기 시작한 것이다. 그중에 아우레 탐사대가 보낸 전파가 섞여 있을 가능성은 충분했다.

날마다 전파 그물을 분석하던 아싸는 드디어 보스 연구소에서 오로라가 쏘아 보낸 전파를 포착했다.

지구에서 온 전파를 분석하여 한마디로 정리하면 "빨리"였다. 탐사대의 안전에 문제가 있는 것이 분명했다!

바바,
지구 상황이 좋지 않다.
지구로 보낼
우주선이 필요해.
보다시피 여기는
다 파타냐로 갈
우주선뿐이야.
다 우주선이긴
하지.
흠
그렇지. 우주선이지.
우주선은 어디든
날아가지.
음…
아, 지구인
슈트는?
꽉 잡아.
출발한다.
준비했다.
아우레 최고의 과학자
아싸는 언제나
완벽하다.

슈웅
몇 시간 뒤
한번 가 볼까?
뿅!
저 불빛 뭐지?
화장실 가냐? 할미도 같이 가자.
꼼지락
꼼지락

이 책을 만든 사람들

정재승
기획

KAIST에서 물리학으로 학사, 석사, 박사 학위를 받았습니다. 예일대학교 의과대학 정신과 박사후 연구원, 고려대학교 물리학과 연구교수, 컬럼비아대학교 의과대학 정신과 조교수를 거쳐, 현재 KAIST 뇌인지과학과 교수로 재직 중입니다. 우리 뇌가 어떻게 선택을 하는지 탐구하고 있으며, 이를 응용해서 로봇을 생각만으로 움직이게 한다거나, 사람처럼 판단하고 선택하는 인공지능을 연구하고 있습니다. 쓴 책으로는 <정재승의 과학 콘서트>(2001), <열두 발자국>(2018) 등이 있습니다.

정재은
글

프로젝트를 진행하는 동안 때로는 아싸로, 때로는 라후드로, 때로는 오로라나 바바, 도됴리로 끊임없이 정신을 분리하며 도서 전체의 스토리를 진행했습니다. 가 본 적 없는 아우레 행성과 직접 열어 본 적 없는 지구인의 뇌를 스토리 속에 엮어 내기 위해 엄청 열심히 공부를 해야 했습니다. 쓴 책으로 <뚱핑크 유전자 수사대> <멘델 아저씨네 완두콩 텃밭> <미스터리 수학유령> 시리즈 등 다수의 어린이 책이 있습니다. 머릿속 넓은 우주가 어디로 펼쳐질지 모르는 창의력 뿜뿜 스토리텔러.

김현민
그림

일찍이 유럽으로 시장을 넓힌 대한민국의 만화가. 대학에서 산업디자인을 전공한 뒤 어릴 때 꿈을 찾아 만화가가 되었습니다. 프랑스 앙굴렘 도서전에 출품한 것을 계기로 프랑스 출판사에서 <Archibald 아치볼드>라는 모험 만화를 만들고 있습니다. 인간이 아닌 괴물이나 신기한 캐릭터 등 상상력을 발휘할 수 있는 그림을 좋아합니다. 몸은 지구에서 벗어날 수 없지만, 머릿속은 항상 우주의 여행자가 되고 싶은 히치하이커.

이고은
심리학 자문

지구인들의 심리를 과학적으로 설명해서 보여 주는 것이 취미이자 특기인 인지심리학자. 부산대학교에서 심리학으로 학사, 인지심리학으로 석사와 박사 학위를 받은 뒤, 강의와 연구를 하고 있습니다. 과학 웹진 <사이언스 온>에서 '심리실험 톺아보기' 연재를 시작으로 각종 매체에 심리학을 소개해 왔으며, <마음 실험실>(2019), <무사히 어른이 될 수 있을까>(2025) 등을 펴낸 과학적 스토리텔링의 샛별.

뇌가 말랑해지는 시간 아우레 타임스 20권 미리보기

나의 시간은 어떻게 흐를까?
기록해서 붙잡아 보는 시간!

나는 아침형 인간일까 저녁형 인간일까?

아래의 질문들에 답해 보고
내가 아침형 인간인지 저녁형 인간인지 확인해 보아요.

1. 등교를 하기 위해 아침에 일어나는 일이 어렵지 않다. (O / X)

2. 친구가 등교하기 전에 만나서 운동을 하자고 그러면 할 수 있다. (O / X)

3. 오후보다 오전 수업에 집중이 더 잘된다. (O / X)

4. 밤 10시가 넘으면 졸음이 몰려온다. (O / X)

5. 아침 식사는 꼭 먹고 등교를 해야 한다. (O / X)

6. 아무 때나 잘 수 있다면 밤늦게보다 원래 자는 시간에 잘 것이다. (O / X)

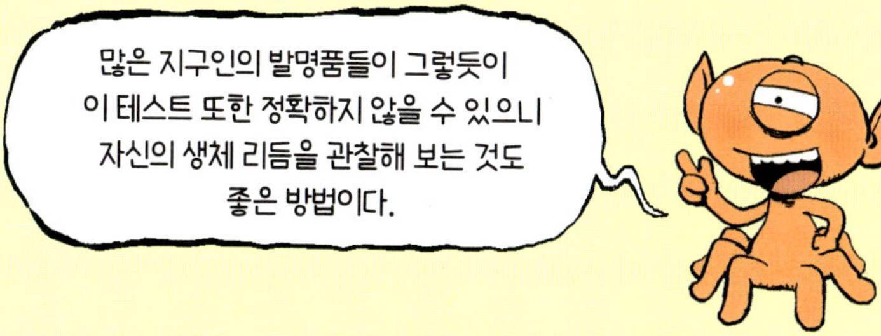

7. 다음 날 아침에 중요한 일이 있으면 나는 되도록 일찍 잘 것이다. (O / X)

8. 아무 때나 일어나도 된다면, 나는 평소처럼 일어날 것이다. (O / X)

9. 나는 내가 저녁형 인간보다 아침형 인간에 가깝다고 생각한다. (O / X)

10. 아침에 일어난 직후 30분 동안 정신이 맑은 편이다. (O / X)

* O이 몇 개인가요?

- **7~10개:** 아침형 인간
- **4~6개:** 아침형 인간과 저녁형 인간의 사이인 중간형 인간
- **0~3개:** 저녁형 인간

나만의 버킷 리스트

우리는 시간이 얼마 남지 않았다고 생각하면 그 시간을 더 값지게 사용하려고 노력해요.
올해가 가기 전 여러분이 이루고 싶은 목표에는 무엇이 있을까요?

- [ ]
- [ ]
- [ ]
- [ ]
- [ ]

오늘 하루는?

나는 오늘 하루를 어떻게 보냈는지 시간표에 작성해 보아요.

∮Σ∃∝∈∂년 Σ∃일 특별호

AURE TIMES

아우레 타임스

[특보] 파타냐 이주 기획실 우주선 실종!

파타냐 이주 계획에서 가장 중요한 인구 이동 우주선 한 대가 실종되었다. 명확히 밝혀진 바는 없으나 사건 당시 이주 기획실 보안 시스템이 정상적으로 작동하고 있지 않았다는 점을 미루어 볼 때, 이는 내부자의 소행으로 추측된다.

▲ 실종된 우주선 213호

실종된 우주선은 아우린들을 파타냐로 안전하게 이동하기 위한 우주선으로, 올해 초 아우레 안전 관리부의 완전 안전 검증을 받았다. 그 당시 함께 검증을 받은 우주선은 총 374대다.

▲ 우주선과 함께 실종된 아싸와 바바

한편, 아우레 최고 과학자 아싸와 파타냐 이주 기획실에서 우주선 정비를 담당한 바바가 우주선과 함께 실종된 것에 대하여 다양한 추측이 오가는 중이다. 최근에 과학자 아싸는 아우레 행성 근처에 새로 생긴 블랙홀과 이로 인해 열린 웜홀을 발견했으며, 이곳을 통과하는 전파들을 분석 중이었다.

아우레 행성 지도부는 아싸와 바바가 이 웜홀을 통해 날아온 전파와 관련된 일에 연루되었다는 가정에 가장 힘을 싣고 있다. 다만 이들이 자발적으로 우주선을 타고 사라진 것인지, 외부의 압력에 의해 우주선을 납치했는지는 아직 수사 중에 있다.

포오포 기자

아우레 지도부 이탈자 루나, 스피 체포

▲ 아우레 군인 오로라와 외계 문명 전문가 라후드에 의해 체포되는 루나(왼), 스피(오)

아우레 행성 지도부의 결정을 무시하고 독단적으로 지구 이주 계획을 세우고 있던 루나와 그의 충성스러운 부하 스피가 지구에서 체포되었다는 통신이 전해졌다.

스피는 아우레를 떠나 지구로 가기 위해 아주 비밀리에 움직인 것으로 보인다. 평소에 덤벙대는 것으로 알려진 스피에게는 아주 이례적인 일이다. 루나 또한 지구에서 정체를 완전하게 숨기고 생활했던 것으로 보이며, 이 둘은 지구 탐사를 떠난 아우레의 군인 오로라와 외계 문명 전문가 라후드에 의해 체포되었다.

▲ 스피가 소지했을 것으로 추정되는 생물종 제거 장치

파타냐 이주 계획으로 시끄러운 아우레에 그들이 언제 귀환할 수 있을지는 미지수다.

추바베 기자

20권 미리보기

이것도 사랑의 형태 중 하나야

지구인들을 살리고 구하는
진한 우정에 대하여

지구인들은 자기 자신을 흔히들 '사회적 동물'이라고 부른다. 그래서 그런지 지구인들은 혼자서는 존재할 수 없는 것만 같다. 수많은 지구인 중에서도 서로 꼭 있어야만 행복할 수 있는 지구인들이 있는데, 바로 '친구'라고 부르는 존재들이다.

지구인들은 우정을 사랑해서 우정에 관한 이야기와 노래 등 다양한 예술 작품을 만들어 왔다. 그만큼 우정은 지구인들의 삶에서 중요한 위치를 차지한다는 의미! 사랑과 마찬가지로 우정 또한 지구인들에게 롤러코스터 같은 감정들을 느끼게 만든다. 그렇기에 모든 우정이 행복하지만은 않은 법! 우정은 때로 지구인들을 울게 만들고 화나게 만들고 힘들게 만들기도 한다.

친구들 사이에 발생한 오해로 힘들어하는 지구인도 있고, 친구들과의 약속 시간만을 기다리며 하루를 기분 좋게 보내는 지구인들도 있다. 만나

면 즐겁기만 한 친구도 있는 반면에 어딘가 모르게 불편한 친구도 있다. 그리고 외계인과 우정을 쌓은 지구인들도 있는데…….

'루이와 보스를 생각하면 마음이 뭉클해지는데, 이게 우정일까?'

지구인보다 더 지구인 같은 외계인은 지구인들과의 우정 때문에 마음이 쓰인다. 하지만 고향에 두고 온 다른 친구들도 그립고 궁금하다.

'외계 문명 탐구 클럽 회원들도 보고 싶어…….'

지구인과 외계인 사이에 싹튼 우정은 그들을 구할 수 있을까, 아니면 그들을 배신할까? 외계인과의 우정은 지구인들에게 지구인들간의 우정만큼 중요할까? 만약 그렇지 않다면 아우린은 이제 혼자 난관을 극복해야 한다!

아우린이 관찰하는 지구인의 '우정'에 대한 이야기가 20권에서 이어집니다.

정재승의 인간 탐구 보고서

19 지구인의 뇌는 알쏭달쏭 타임머신

기획 정재승 | **글** 정재은 | **그림** 김현민 | **심리학 자문** 이고은
정보글 정유나 오경은 | **사진** gettyimagesbank, Wikimediacommons | **배경설계자** 김지선
펴낸이 김영곤 **펴낸곳** ㈜북이십일 아울북

1판 1쇄 인쇄 2025년 12월 22일
1판 1쇄 발행 2026년 1월 14일

프로젝트4팀장 김미희 **기획개발** 오경은 **교정교열** 정윤경 **디자인** 김단아
영업팀 정지은 한충희 장철용 남정한 나은경 강경남 황성진 김도연 이정은
제작 이영민 권경민

출판등록 2000년 5월 6일 제406-2003-061호
주소 (10881) 경기도 파주시 회동길 201(문발동)
대표전화 031-955-2100 **팩스** 031-955-2177 **홈페이지** www.book21.com

ISBN 978-89-509-8351-2 74400
ISBN 978-89-509-7373-5 74400 (세트)

책값은 뒤표지에 있습니다.
잘못 만들어진 책은 구입하신 서점에서 교환해 드립니다.

- 제조자명 : (주)북이십일
- 주소 및 전화번호 : 경기도 파주시 문발동 회동길 201(문발동) / 031-955-2100
- 제조연월 : 2025.12.
- 제조국명 : 대한민국
- 사용연령 : 3세 이상 어린이 제품

너와 나, 우리들의 마음을 이해하게 도와줄 첫 번째 뇌과학 이야기

정재승의 인간 탐구 보고서 (1~19권)

❶ 인간은 외모에 집착한다
❷ 인간의 기억력은 형편없다
❸ 인간의 감정은 롤러코스터다
❹ 사춘기 땐 우리 모두 외계인
❺ 인간의 감각은 화려한 착각이다
❻ 성은 우리를 다르게 만든다
❼ 인간은 타고난 거짓말쟁이다
❽ 불안이 온갖 미신을 만든다
❾ 인간의 선택은 엉망진창이다
❿ 공감은 마음을 연결하는 통로
⓫ 인간을 울고 웃게 만드는 스트레스
⓬ 인간은 누구나 더없이 예술적이다
⓭ 인간은 모두 호기심 대마왕
⓮ 인간, 돈의 유혹에 퐁당 빠지다
⓯ 소용돌이치는 사춘기의 뇌
⓰ 사랑은 마음을 휘젓는 요술 지팡이
⓱ 음식, 인간의 마음을 요리하다
⓲ 이야기 공장 뇌, 오늘도 풀가동 중!
⓳ 지구인의 뇌는 알쏭달쏭 타임머신

인류의 과거와 현재를 이어 줄 아우린들의 시간 여행!

완간

정재승의 인류 탐험 보고서 (1~10권)

❶ 위대한 모험의 시작
❷ 루시를 만나다
❸ 달려라, 호모 에렉투스!
❹ 화산섬의 호모 에렉투스
❺ 용감한 전사 네안데르탈인
❻ 지구 최고의 라이벌
❼ 수군수군 호모 사피엔스
❽ 대륙의 탐험가 호모 사피엔스
❾ 농사로 세상을 바꾼 호미닌
❿ 안녕, 아우레 탐사대!